古代南诏大理国体育文化研究

李 莹 著

人民体育出版社

图书在版编目（CIP）数据

古代南诏大理国体育文化研究／李莹著．--北京：人民体育出版社，2023

ISBN 978-7-5009-6391-2

Ⅰ.①古… Ⅱ.①李… Ⅲ.①南诏－民族形式体育－体育文化－研究 Ⅳ.①G852.9

中国国家版本馆 CIP 数据核字（2023）第 244567 号

*

人民体育出版社出版发行
北京中献拓方科技发展有限公司印刷
新 华 书 店 经 销

*

710×1000　16 开本　10.75 印张　192 千字
2023 年 12 月第 1 版　2023 年 12 月第 1 次印刷

*

ISBN 978-7-5009-6391-2
定价：54.00 元

社址：北京市东城区体育馆路 8 号（天坛公园东门）
电话：67151482（发行部）　　邮编：100061
传真：67151483　　　　　　　邮购：67118491
网址：www.psphpress.com

（购买本社图书，如遇有缺损页可与邮购部联系）

前言

649年,哀牢夷后裔"细奴逻"在现今大理洱海南岸的阳瓜江畔建立了"蒙舍诏",这个"蒙舍诏"就是南诏王朝的前身。"蒙舍诏"后来受到大王朝的支持,737—738年之间,南诏王皮罗阁一统洱海地区,灭了五诏。739年,南诏王皮罗阁从巍山迁都到现今洱海西岸的大理市,这座太和城,开始仿效唐朝的六部制,设立了六朝清平官制度,正式建立了雄霸一方的南诏大理国王朝,成为中国历史上在西南一带建立的多民族政权。唐宋时期统治者为了稳定西南边疆,辅佐建立南诏大理国,这是我国古代中央朝廷对"边疆蛮区"进行政治统治的典范,有利于"治边辟疆"及民族统一大业的实现。历史上的南诏大理国是统治云南五百多年的地方民族政权(739—1253),与唐宋王朝始终相伴五个多世纪,其在云南政治、经济、文化的发展史上具有举足轻重的作用,对中国边疆的巩固和发展功不可没。

南诏大理国体育文化是指唐宋时期地处西南边疆的南诏大理国,在立国五百年期间所盛行的体育活动,以及中国古代特殊"地方民族政权"下所呈现出的体育历史。笔者经过实地调研、史料搜集,南诏大理国体育的形态得到初步复原,存在性得到证实,只是它们还没有形成较为明确的概念。南诏大理国体育文化是看得见却摸不着的东西,怎样理解和把握,就需要对南诏大理国体育文化进行理论构建,回答究竟什么项目可以称为南诏大理国体育,南诏大理国体育的概念是如何界定的,南诏大理国体育文化又是如何形成,其构成因素、本质等诸多问题。带着这些疑问笔者思考良久后,准备先阐述文化这一核心主体,然后再循序渐进深入探析南诏大理国体育文化的内在含义及结构,最后利用有价值的南诏大理国史料、对体育历史资料解读,复原出南诏大理国体育文化的历史轮廓,对数百年前的南诏大理国体育文化形态进行分析，试图构建南诏大理国体育文化概念。研究发现，南诏大理国体育文化是赋有特殊政治意义的体育文化，包括了南诏大理国统治者及其统治下不同社会阶层在社会生活实践中所进行的体育活动，是历史发展过程中阶段性创新体育，也是南诏大理国地域特征、民族特征的缩影，间接呈现南诏大理国时期的整体文化历史。

由于考古资料匮乏，外界对神秘的南诏大理国体育认知有限。纵观史料文献及各类辞书典籍，未曾出现南诏大理国体育文化相关的定义概念。在南诏大理国历史研究基础上，从体育学科的角度对南诏大理国社会发展进行全新的综合研究和解读，首次提出南诏大理国体育文化这一概念，试图挖掘地方民族政权下的体育历史文化现象，创新体育学科的理论概念，开拓了体育学科新的研究领域，形成民族传统体育学科新的研究方向及思路，最终整理和挖掘出的原始材料为古代体育史研究提供补充资料，为解读南诏大理国历史提供新的文史资料。

南诏大理国体育文化是人类的宝贵遗产，具有不可再创性。因而，挖掘南诏大理国体育文化对保护我国历史文化遗产具有重要意义，亦是本书的实践运用价值所在。鉴于此，本书以完善保护南诏大理国历史文化遗存为研究目的，选取南诏大理国体育文化作为研究对象。以南诏大理国政治制度的推行为"经"，以南诏大理国地区出现的体育活动为"纬"，使纵向的历史制度与横向的体育事件相互交织，力求客观准确地呈现南诏大理国体育文化发展形态及脉络，并以史料古籍为据，辅以各族史籍、地方志，将文献资料同实地考察、民间访谈所得的原始素材进行科学地对比参照，试图系统全面地对南诏大理国体育文化现象进行分析解读，进而深探这一特定历史时期南诏大理国体育发展演变的历史进程及其运行规律特征、文化内涵，证明南诏大理国体育文化特殊且重要的历史地位和影响。

本书从构思、调研、撰写经历了三年之久，在无数创作的夜晚，笔者都凝神思索南诏大理国历史中那些淳朴的民族体育，它们曾跟随南诏大理国的前人们，几经沧海依然留存于世，这不得不让我感叹！作为云南体育人，对边疆的民族体育历史有着深厚的情感，并对此兴趣盎然。希望本书的出版对民族体育史的挖掘和整理工作有所启发。

李 莹

2023 年于昆明

目 录

绪 论 ··· 001
  第一节　研究综述 ··· 003
  第二节　研究意义 ··· 006
  第三节　研究方法 ··· 009
  第四节　研究范围及思路 ··· 011

第一章　南诏大理国的历史概述 ·································· 016
  第一节　南诏国的形成 ·· 016
  第二节　南诏国与大理国的更替衔接 ···························· 016
  第三节　大理国的建立 ·· 019
  第四节　大理国的灭亡 ·· 022
  本章小结 ·· 025

第二章　南诏大理国体育文化考辨 ······························· 026
  第一节　南诏大理国军事体育 ······································ 026
  第二节　南诏大理国节庆体育 ······································ 035
  第三节　南诏大理国礼教体育 ······································ 044
  第四节　南诏大理国娱乐体育 ······································ 047
  第五节　南诏大理国宗教祭祀体育 ······························· 054

本章小结 ·· 057

第三章　南诏大理国体育文化构建 ································· 058
第一节　南诏大理国体育文化的概念 ·· 058
第二节　南诏大理国体育文化的结构 ·· 069
第三节　南诏大理国体育文化的特征 ·· 073
第四节　南诏大理国体育文化的本质 ·· 081
第五节　南诏大理国体育文化的类型 ·· 081
本章小结 ·· 083

第四章　南诏大理国体育文化产生的源流 ······················ 084
第一节　源于百姓生存的需要 ·· 084
第二节　源于频繁的战争 ··· 085
第三节　源于宗教信仰需求 ·· 086
第四节　源于适应自然 ·· 087
第五节　源于娱乐需要 ·· 088
第六节　源于民族文化交流需求 ··· 089
第七节　源于养生保健的要求 ·· 089
本章小结 ·· 090

第五章　南诏大理国体育文化发展历程及轨迹 ················ 091
第一节　南诏大理国体育文化萌芽阶段 ··· 091
第二节　南诏大理国体育文化形成阶段 ··· 093
第三节　南诏大理国体育文化衰败阶段 ··· 107
本章小结 ·· 108

第六章　南诏大理国体育文化形成的背景、内因及机制 ··· 109
第一节　南诏大理国体育文化形成的背景 ······································ 109
第二节　南诏大理国体育文化形成的内因 ······································ 113

  第三节 南诏大理国体育文化形成的机制 ………………………………… 115
  本章小结 …………………………………………………………………… 117

第七章 南诏大理国体育文化的社会功能、历史局限及历史地位 …… 119
  第一节 南诏大理国体育文化的社会功能 ………………………………… 119
  第二节 南诏大理国体育文化发展的历史局限性 …………………………… 127
  第三节 南诏大理国体育文化的历史地位 ……………………………………… 130
  本章小结 …………………………………………………………………… 131

第八章 南诏大理国体育文化的当代价值与传承发展 …………………… 132
  第一节 南诏大理国体育文化的当代价值 ……………………………………… 132
  第二节 复兴南诏大理国体育文化的瓶颈 ……………………………………… 138
  第三节 南诏大理国体育文化的传承发展构想 ……………………………… 140
  本章小结 …………………………………………………………………… 155

第九章 结 语 ……………………………………………………………… 156

参考文献 ……………………………………………………………………… 161

绪 论

南诏大理国地处中国边陲，僻处荒服，是白族聚集区。当地白族部落建立了显赫一时的南诏大理国。那么西南白族地区南诏大理国建立的历史成因是什么？对已经被历史更替、遗弃的制度文化进行研究又有何意义？对南诏大理国的体育文化进行深入的探究，这有必要吗？有序回答以上问题就是本书的研究主线。

首先，回到历史中的南诏大理国王朝。唐朝时期，吐蕃势力南下洱海地区，当时的部族几乎全面倒向吐蕃而与唐朝对抗，唯独南诏的首领奉唐朝为正朝，忠诚于唐朝。唐朝为抗击吐蕃入侵，巩固西南边疆的统治，辅佐南诏建立南诏国。可以说，西南疆域边缘外敌窥伺，加之偏僻的地理位置和复杂特殊的社会历史背景，迫使中央封建王朝实行"以夷制夷"的策略，建立南诏大理国，间接地进行管理统治，形成多民族、多文化交汇之势，成为中国历史上有较特殊意义的政权。纵观南诏大理国的历史，从初期的正式确立，到中期发展完善并达到鼎盛时期，而后随着吐蕃势力的衰弱，南诏大理国对于唐朝的军事和政治重要性减弱，南诏大理国成为中原王朝在西南边疆的最大威胁，最终被其他政权所取代。但是，不可否认在南诏大理国建立之初，它是唐朝在西南边疆实行的一种独特的巩固统治的策略，对维护唐朝的封建统治、稳定边疆地区局势、调和民族关系，起到了较为重要的作用。在这过程中，唐朝和吐蕃之间的战争起到了关键作用。由于吐蕃在西南地区的势力扩张，唐朝迫切需要寻找一个同盟来稳固这里的统治，但是南诏自古便与唐朝保持着密切的联系。从某种意义上说，南诏大理国是特殊时间、特殊地点和特殊历史环境下产生的特殊地方政权，是封建统治集团抵御外敌、巩固边疆统治的权宜之计。

按历史发展脉络来说，南诏国和大理国是前朝与后朝的关系。南诏国是前朝，大理国是后朝，大理国在南诏国后代建立，是南诏国的延续，保持着与南诏国相同的社会特征。南诏国和大理国的建立，都是一个长期又复杂的过程，在7

世纪中叶以前，在云南西部洱海区域居住着称为"六诏"的许多部落，"六诏"成为南诏在洱海区域建立统一政权的基石。南诏统一"六诏"是经过长时间的努力而实现的。本书主张将南诏、大理国两个地方民族政权进行合并研究。这是因为大理国前期与南诏国一脉相承，二者国号相续、制度相同、地域相同，正是基于这种地缘和文化上的相续相承，诸多史学专家都把大理国视为南诏国的接续，学术界都将南诏、大理国进行合并研究。因此，笔者强调把南诏与大理国这两个具有历史延续性的地方民族政权进行合并研究，系统研究两代王朝的体育历史文化现象。

对南诏大理国政治制度的研讨，不能只关注它的进步或是落后，而应将南诏大理国作为中原王朝边疆抗敌的策略来研究，起到以史为鉴的作用，还应将它作为历史文化遗产来保护，确保这些"瑰宝"传之久远。"南诏大理国文化"是一份珍贵的历史文化遗产。这就要求在研究过程中必须尊重历史，并用辩证唯物的历史眼光，客观公正地去看待南诏大理国文化及南诏大理国体育文化，客观地评述南诏大理国时期体育发展状况。但是，以往学术界对南诏大理国的研讨仅存在于南诏大理国政治、运作、流变、影响的纵向深究。倘若转换视角，创新性地提出把南诏大理国与当时的体育文化结合，形成南诏大理国体育文化，对其进行横向的扩展研究，论证南诏大理国社会中的体育活动对南诏大理国政治、军事、经济、社会、文化等方面产生的影响，剖析其利弊及历史意义，这样对于全面理解、认识南诏大理国文化的历史沿革、发展机制颇有裨益。

鉴于此，本书以完善保护南诏大理国历史文化遗存为研究前提，选取唐宋时期的南诏大理国体育文化作为本书的研究对象。以南诏大理国内部制度的推行为"经"，以南诏大理国出现的体育活动为"纬"，使纵向的历史制度与横向的体育事件相互交织，力求客观准确地呈现南诏大理国体育文化发展形态及脉络，并以正史古籍为据，辅以各族史籍、地方志，把文献资料同实地考察、民间访谈所得的原始素材进行科学地对比参照，试图系统全面地对南诏大理国体育文化进行分析解读，进而深探南诏大理国体育发展演变的历史进程及其运行规律特征、文化内涵，实证南诏大理国体育文化特殊且重要的历史地位和影响。

依据南诏大理国这段重要的边疆史实，以体育为新的研究视角，对南诏大理国的历史文化进行全新解读，对地方民族政权下的体育历史文化现象进行挖掘整理，力求考辨南诏大理国体育文化形态，重现南诏大理国时期淳朴原始的体育民俗之美。综上所述，本研究以南诏大理国统治者及其统治下不同社会阶层所形成的体育历史现象为研究对象,着重研究南诏大理国统治者、民众所进行的体育活动。这是对南诏大理国体育研究的有力补充,是民族体育史上一个不容忽略的历史事件。通过分析南诏大理国体育文化形态个案,开辟南诏大理国体育文化研究新思路,探索南诏大理国体育理念,古为今用,为边疆体育事业发展提供历史借鉴,最终把南诏大理国体育文化作为文化遗产保存下来,留于后人,传之后世。

第一节 研究综述

随着体育学科不断发展成熟,逐渐形成多学科交叉研究的趋势。南诏大理国是唐代强盛时期西南边疆出现的一个地方民族政权,是在唐宋朝廷支持下出现并延续的。因此,关于南诏大理国的记载可追溯于唐朝。南诏大理国史学的基础研究已取得一大批丰硕成果,充分论证了南诏大理国的历史源流。但是,南诏大理国研究势必跳出传统的窠臼,开创多元、多维的研究思路,以体育的视角对南诏大理国的历史文化进行解读,创新的学术思想将会有力地推动南诏大理国史学的研究取得突破性进展。

一、南诏大理国史学研究

649年,哀牢夷后裔"细奴逻"在现今大理洱海南岸的阳瓜江畔建立了"蒙舍诏",这个"蒙舍诏"就是南诏王朝的前身。"蒙舍诏"后来受到大王朝的支持,737—738年之间,南诏王皮罗阁一统洱海地区,灭了五诏。739年,南诏王皮罗阁从巍山迁都到现今洱海西岸的大理市,在这座太和城建立了南诏大理国的第一座都城,并开始仿效唐朝的六部制,设立了六朝清平官制度,正式建立了雄霸一方的南诏王朝,成为西南一带建立的多民族政权。唐宋时代朝廷统治者针对混乱的西南边疆,辅佐建立南诏大理国,这是我国古代中央朝廷对"边疆蛮区"进行统治的典范,有利于"治边辟疆"及民族统一大业的实行。历史上的南诏大理国是统治云南五百多年的地方民族政权(739—1253),与唐宋王朝始终相伴五个多世纪,在云南政治、经济、文化的发展史上具有举足轻重的作用,对中国边疆的巩固和发展功不可没。由于南诏大理国承载了两个历史悠久的地方民族政权,具有特殊的历史意义,因此一直受到国内外学者的关注。

日本学者林谦一郎在云南大学学习三年,主要研究南诏大理国历史、白族历史,成就斐然。他提出的"古代洱海人"的概念、大理国"白族化"的论点,受到国际同行专家的肯定。然而林谦一郎所撰论文《白族的形成及其对周围民族的影响》、日本学者藤泽义美所撰写的论文《南诏国的成立与吐蕃的关系》、法国学者伯希和撰写的《郑和下西洋考交广印度两道考》等研究成果都同唱"南诏是泰族国家"的调子,这显然是片面且错误的,国内学者已经以客观史实驳斥了西方学者的观点。而后,美籍学者查尔斯·巴克斯的著作《南诏国与唐代的西南边疆》中记述:"在937年,名叫段思平的白蛮官员篡夺了政权并建立了自己的王朝,称为大理国。"以此证明南诏大理国与泰国毫无关系,它是唐宋时期出现在云南大理的特殊地方民族政权,彻底澄清了这段历史。

同国外研究相比,国内专家对南诏大理国的研究更为详尽,诸多专家在不同历史时期辛勤耕耘、硕果不断、成绩斐然,现以年代为主线进行学术梳理。南诏大理国史学研究溯源,南诏大理国是唐宋强盛时期西南边疆出现的两个地方民族政权,是在唐王朝支持下出现的。因此,关于南诏大理国的记载可追溯于唐朝,记载南诏大理国的典籍史料形成珍贵的历史文化遗产。唐朝徐云虔所著《南诏录》、梁建芳所著《西洱海风土记》、元朝郭松年撰《大理行记校注》等历史古籍真实客观记载了南诏大理国的开国国号、国王继承、政权更替等历史,成为研究南诏大理国社会历史的珍贵史料、考古遗存。

南诏大理国史学研究主要阶段在20世纪40年代,一批著名的历史学家在古人著述的基础上,开始研究南诏大理国形成的历史原因、发展脉络。南诏大理国是我国"统一多民族"发展的历史过程,学者对其产生了特殊的兴趣。以考古学、民族学、人类学为基础的科学调查研究,促进南诏大理国的史学研究初成体系,学术研究群体逐渐形成,部分学者开始对南诏大理国的政治、经济、文化、宗教、艺术、军事等方面开展创新研究,发表了一大批开拓性的学术成果。陈吕范所著《南诏不是泰族建立的国家》、吴金鼎所著《云南苍洱境考古报告》,这两本著作大致厘清南诏大理国历史发展线索,成为早期研究南诏大理国历史最全面、系统、准确的参考资料。

20世纪80年代,南诏大理国史学研究取得了突破性进展,其中代表人物林旅芝所著《南诏大理国史》成为南诏大理国史学研究的专业性和基础性著作。方国瑜先生的《云南史料目录概说》对南诏大理国的史料进行了深入的考证注解。木芹所作《南诏野史会证》也是南诏古籍整理研究方面的力作。方铁所著《西南通史》去伪存真,去粗取精,形成科学完整的南诏大理国考古资料汇编,具有极强的史料价值意义,为此后的研究奠定了坚实基础。南诏大理国史学的基础研究已取得一大批丰硕成果,充分论证了南诏大理国的历史源流。在此基础上,南诏大理国研究势必能跳出传统的窠臼,开创多元多维的研究,本书符合研究趋势,以体育的视角对南诏大理国的历史文化进行全新解读,创新学术思想,将会对南诏大理国史学的研究提供新的内容与成功。

21世纪至今,南诏大理国史学研究形成以社会历史、源流为主的基础范式研究,出现了交叉学科、多元视角、跨域研究的趋势。朴城军《南诏大理国观造像研究》将"南诏大理"与"佛教美术"进行交叉研究,由此延伸出政治、教育、音乐、宗教、经济、艺术等不同学科领域与南诏大理国史学交叉研究的学术成果,从纵向单一研究转向横向多元研究趋势,使南诏大理国史学研究日渐丰满并充满了立体感,由此也印证了本书研究的时效性。

二、南诏大理国体育研究

根据中国知网(CNKI)的中文社会科学引文索引(CSSCI)文献库,对南诏大理国体育进行检索,仅出现5篇独以"南诏大理国体育"为关键词的文献:李晓华在《从宗教到民俗——南诏娱乐体育浅论》一文中指出复杂的地理环境,使宗教在维系南诏社会结构方面起着特殊的作用,其中对南诏时期的体育娱乐影响至深;而后作者在1999年又发表《浅论南诏国体育》一文,文中更为深刻地对南诏国的军事、宗教、地域文化等因素进行系统分析,总结出南诏大理国体育的起源、演化和发展与南诏历史有关;阿桂婷在《南诏国时期军事活动与彝族传统体育的关系研究》一文中提出军事体育活动的广泛开展使得南诏国的国民素质得到极大的提高,也在一定程度上为云南彝族传统体育的发展提供了新的台阶;杨晨飞在《南诏文化对云南民族传统体育演进的影响》一文中认为,南诏文化对云南民族传统体育的演进有极重要的影响;唐文坤、杨晨飞所撰《天宝战争期间唐与南诏体育形态交融研究》一文,以天宝战争中唐朝与南诏的军事战争为主线,对南诏出现的军事、艺术、娱乐的体育形态进行研究。可见,学术界还没有出现针对南诏大理国体育的深入研究,部分学者仅对南诏大理国体育文化进行初步探究。

南诏国和大理国是前朝与后朝的关系,南诏国是前朝。南诏国的建立,是一个长期又复杂的过程,在7世纪中叶以前,在云南西部洱海区域居住着称为"六诏"的许多部落,"六诏"成为南诏在洱海区域建立统一政权的基石。南诏统一过程中，唐朝和吐蕃之间的战争起到了关键作用。由于吐蕃在西南地区势力的扩张，唐朝迫切需要寻找一个同盟来稳固这里的统治，但是南诏自古便与吐蕃保持着密切的联系，因此，在唐朝与吐蕃的影响下，南诏社会形成了唐朝文化、吐蕃文化与本土文化交融的特性。大理国是南诏国后代建立的政权，是南诏国的延续。

这是因为大理国前期与南诏国一脉相承，二者国号相续、制度相续，正是基于这种地缘和文化上的相续相承，诸多史学专家都把大理国视为南诏国的接续，学术界亦有将南诏、大理国进行合并研究。因此，笔者强调把南诏与大理国这两个具有历史延续性的地方民族政权进行整合研究，系统研究两代王朝的体育历史文化现象。

南诏大理国是我国统一多民族发展的历史过程，近现代学者对其产生了特殊的兴趣。以考古学、民族学、人类学为基础的科学调查研究，促进南诏大理国的史学研究已初成体系，学术研究平台逐渐形成，部分学者开始对南诏大理国的政治、经济、文化、宗教、艺术、军事等方面开展创新研究，发表了一大批开拓性的学术成果，南诏大理国史学研究不断得以发展。

综上所述，本书基于南诏大理国的学术积累及研究动态，系统研究两代王朝的体育历史文化现象。把"南诏大理国"与"体育文化"进行交叉研究，力争在历史学、体育学研究领域做出创新尝试。

第二节　研究意义

南诏大理体育属于特殊的历史产物，也是珍贵的文化遗产，其存在的客观历史性是科学研究中的重要内容。因此，对不同历史时期产生的体育现象特征进行研究，努力揭示其发展规律，这对于加深与提高对南诏大理国体育文化现象的认识和理解，具有重要的意义。

一、创新概念

由于考古资料匮乏，外界对神秘的南诏大理国体育认知有限。纵观史料文献及各类辞书典籍，未曾出现"南诏大理国体育文化"一词及相关的概念定义。在南诏大理国史学研究的基础上，从体育学科的角度对南诏大理国体育文化进行全新的综合研究和解读，首次提出"南诏大理国体育文化"这一概念，试图挖掘特殊地方民族政权下的体育历史文化现象，创新体育学科的概念。

二、拓宽体育学科研究新视野

在南诏大理国体育史的研究领域，部分学者对南诏大理国体育文化进行初步研究，但学术成果还是凤毛麟角，尚未形成成熟的理论观点和系统的实证研究。将"南诏大理国史学"与"体育文化"进行交叉融合研究，以特殊的政治制度来探寻南诏大理国体育的文化现象，属于较为大胆的尝试，开拓了新的研究领域，也成为民族传统体育新的研究方向。

同时，南诏大理国体育文化是在封建专制的历史情景中被诠释的另类体育行为。对不同形态的体育行为进行研究，探究体育文化与各个民族的政治制度、精神文化产生的紧密联系，使读者对南诏大理国体育的发展历程及历史文化有一个更全面和清晰的了解。

三、补充完善体育史研究

首先，南诏大理国体育文化研究是多学科、多层面、多方位的研究，真正立足于南诏大理国史学、体育史学、民族学等学科角度，对边疆民族体育历史进行全面、深刻的分析，为民族体育史的研究提供理论支撑及参考借鉴，有利于民族传统体育学基础研究，最终整理和挖掘出的原始材料为古代体育史研究提供补充资料，也为解读南诏大理国历史提供新的文史资料。

其次，南诏大理国体育文化是中国古代民族传统文化的衍生与延续，隐藏于南诏大理国宗教仪式、民间艺术、军事训练、节日盛典中，但是长期被人们遗忘、混淆、忽视。南诏大理国体育文化研究有利于补充完善南诏大理国史学、中国古代体育史研究内容，对南诏大理国体育文化的后续研究提供一定的参考依据，起到抛砖引玉的作用。

四、保护历史文化遗产

2014年2月，习近平总书记在北京市考察工作时指出："历史文化是城市的灵魂，要像爱惜自己的生命一样保护好城市历史文化遗产。"南诏大理国体育文化是人类宝贵遗产，具有不可再创性。因此要科学地记录、呈现、保留南诏大理国体育历史文化，保护白族文化遗产，使其留于后人，传之后世。因而，研究南诏大理国体育文化对保护我国历史文化遗产具有重要意义。

五、弘扬中华民族传统文化

党的二十大报告提出了"传承中华优秀传统文化，满足人民日益增长的精神文化需求，巩固全党全国各族人民团结奋斗的共同思想基础，不断提升国家文化软实力和中华文化影响力"的要求。南诏大理国体育文化是中华民族在五千年历史发展过程中不可忽略的珍宝，对弘扬民族体育文化发挥着积极作用，对繁荣中华民族传统文化具有重要的意义。

六、为边疆体育事业发展提供历史借鉴

本书通过对南诏大理国体育文化的研究，古为今用，为边疆体育事业发展提供历史借鉴，也为正确处理好边疆民族关系提供参考。

首先，从南诏大理国体育文化的新研究视角，挖掘探讨南诏大理国开展体育活动的成败经验，总结历史经验教训，认识体育文化的历史发展规律，从而为新时期的民族体育工作提供有益的历史借鉴，进一步探寻南诏大理国文化与南诏大理国体育文化之间互动与融合的关系，提炼出宝贵的历史规律及经验教训，为当今民族地区合理制定当地体育法规，提供参考依据。

其次，我国宪法规定，国家的各级政府机关有责任尊重和支持各民族地区的传统文化和习俗活动。以西南边疆南诏大理国文化与体育文化之间的互动为依据，总结借鉴历史南诏大理国体育治边制度的作用影响，为边疆民族地区的主要决策部门在边疆体育事业发展的政策法规制定及贯彻执行提供理论参考，也对边疆民族自治地区的体育事业发展提供历史借鉴及决策依据。

七、为后续研究提供参考依据

笔者对古籍史料中关于南诏大理国体育的记载进行综合梳理，然后实地考察南诏大理国体育项目遗存概况，获得了较为翔实的第一手资料，并着重对南诏大理国体育文化的历史现象做出了较为系统的论述，对南诏大理国体育遗存项目名称、素材、图片、影像资料、器械、场地、人物传记、采访记录进行细致整理。对调研所获南诏大理国体育素材进行逻辑推理及考辨，比较清楚地了解南诏大理国体育文化的本质特征，摸清楚了南诏大理国体育文化形成发展的脉络，总结了

南诏大理国体育文化的社会功能和当今时代价值及保护传承措施。由此整理和挖掘出的原生材料为古代体育史研究提供了补充资料，为解读南诏大理国历史提供新的重要文史资料，为相关研究提供了理论支撑及借鉴，为南诏大理国体育文化的后续研究提供了一定的参考依据，起到抛砖引玉的作用。

综上所述，本书以南诏大理国统治者治下不同社会阶层所形成的体育历史文化为研究对象，着重研究南诏大理国统治者、白族群众所进行的体育活动。通过分析南诏大理国体育文化形态个案，开辟民族传统体育文化研究新思路；探索南诏大理国体育理念，古为今用，为边疆体育事业发展提供历史借鉴，最终将南诏大理国体育文化作为文化遗产保存下来，努力实现"子子孙孙，永葆受用"的目标，留于后人，传之后世。

第三节 研究方法

本书以南诏大理国地区的体育文化为研究对象，通过研究展示南诏大理国时期的体育形式、方法、形成因素、变迁过程，总结归纳南诏大理国体育的内涵特征。由于南诏大理国体育文化研究涉及民族学、历史学、社会学、体育学等研究范畴，属于跨学科交叉研究，要求在研究方法的具体运用上必须以体育学的研究方法为主，还需借鉴民族学、历史学、社会学等多学科的研究方法，力争做到文献与考察相结合的多元研究方法共用。

一、文献资料法

本研究成果的取得，是文献资料为基础的。古人所留世的古书史记是研究古代体育文化的主要来源。因此，对南诏大理国体育文化进行深层研究必须依靠历史古籍、区域民族史料、地方志、体育史料等大量的史学材料作为研究依据，为本书研究提供充足的理论依据，支撑南诏大理国体育文化的客观存在。在开始阶段文献的搜集有一定局限性，后来笔者经过详细调研，分别到云南省图书馆、云南民族大学图书馆、昆明市图书馆、大理州图书馆等地进行了大量的文献搜集工作，为研究提供了有力的佐证。本研究就以学术界研究南诏大理国社会历史发展的前期丰硕成果为基础，并在此基础上对南诏大理国地区的体育文化现象进行深入分析。

第一，历代史籍中常有涉及南诏大理国文化的部分，直接或间接地反映南诏大理国体育文化、如歌舞、娱乐、游戏的部分内容；第二，省志，府志、厅志、县志及其他专业志，其中关于白族生活习俗的记载，穿插记载着一些有关南诏大理国体育文化的资料；第三，历史上一些文人学者或官员游历南诏大理国地区的有关游记、笔记、诗文等；第四，历代一些学者和专家考察研究南诏大理国的社会、历史、经济文化、宗教等，撰写了大量的考察报告、专著、文章和日记等，其中也有不少可供参考的内容；第五，20世纪50年代，全国范围开展了对白族大规模的社会历史调查，形成了不少有价值的资料，有许多已经公开出版，这些资料中有的部分涉及南诏大理国体育文化等内容；第六，体育文史刊物。此类刊物较集中地刊登南诏大理国体育文化，其中都有丰富的南诏大理国体育文化的资料；第七，少数民族地区的史志资料刊物中，也刊登一些有关南诏大理国体育的资料；第八，关于南诏大理国体育文化的读物、手册、辞书等；第九，一些含有南诏大理国体育文化相关内容的工具书。笔者用了1年的时间对上述文献资料进行大量的搜集、查阅、整理工作，找到了部分与南诏大理国体育相关的史料，这些历史记载为南诏大理国体育的实证研究给予了强有力的支撑。

二、实地调查法

现今云南省大理白族自治州是南诏大理国建都之地和统治中心，本书把实地调研地点定为大理白族自治州较有代表性的历史遗址：南诏太和城遗址、南诏王王宫、南诏德化碑、羊苴咩城遗址。在现存历史遗址中捕捉、搜寻现今仍然遗留于边疆民族地区的南诏大理国体育文化现象，挖掘整理南诏大理国时期存在的民族体育项目，对其名称、素材、图片、影像资料、器械、场地、人物传记、采访记录进行整理，其中包括地上文物和地下文物，也包括崖画、壁画等。

三、专家咨询法

对南诏大理国史研究专家进行访谈，了解南诏大理国时期体育的开展情况。本研究是在诸多专家学者的指导和帮助下完成的，通过召开专家开题报告会、论证会，在研究过程中不断地修正研究方法、完善调研方案，受益颇深。在两年的研究周期中，笔者多次向相关专家进行咨询，并得到其多方指导，使得此项研究取得了较好的效果。

四、观察法

南诏大理国统治时期，人们在参与体育活动时遗留下的遗物、遗迹和遗址及各种实物资料都是调研的主要对象。以实地考察为依据，运用观察法深入全面地捕捉、搜寻现今仍然遗留于边疆民族地区的南诏大理国体育文化现象，以笔者亲眼所见、亲耳所闻、亲身经历为实地调查第一手资料。

五、逻辑分析法

在遵循辩证历史唯物主义认识论和方法论的基础上，掌握南诏大理国体育项目的本质特征，运用逻辑分析法，揭示南诏大理国体育在形成和发展过程中的规律。

第四节 研究范围及思路

一、研究对象

赵静冬学者在《中国少数民族传统体育研究》一书中论述："白族逐步发展出了具有民族特色的体育项目。代表性的有武术、赛马、射箭、人拉人拔河、秋千、打陀螺、霸王鞭、仗鼓、打歌、耍火把、滚火龙、赛龙舟、投壶、狩猎等活动形式，多具有浓郁的民族特色。[①]"本书以南诏大理国统治时期为研究时间段，以南诏大理国地区为空间范围，以南诏大理国统治者及平民在生产生活中广泛开展的体育活动为研究对象，包括武术、骑马、霸王鞭、射箭、打歌、耍火把、滚火龙、赛龙舟、投壶、狩猎等白族群众喜闻乐见的民族传统体育项目。

二、研究思路

（一）南诏大理国体育文化复原

选题之初提出的理论假设：南诏大理国体育文化到底存在吗？在许多学者的研究当中似乎有南诏大理国体育的影子。本研究通过史料调研、实地调查等引证

---

①赵静冬. 中国少数民族传统体育研究 [M]. 昆明：云南民族出版社，2001：12.

工作，力图复原南诏大理国体育文化的历史形态。

1. 史料发掘

依据研究方案及研究技术路线，首先用了将近1年的时间对相关史料、古籍等文献史料进行调研。通过细致的梳理，积累理论知识，论证了南诏大理国体育文化存在的客观性，并撰写阶段性成果《南诏大理国体育文化研究综述》。

由于唐宋时期，西南边疆少数民族地区自然生态环境恶劣，其社会生产力低下，经济发展落后，长期封闭，落后自守，文明程度低。处在这样的历史背景下，记载南诏大理国社会发展、历史文化的文字资料很少，关于体育历史的文字记述就更为缺乏。在西南各地体育志、中国体育史、南诏大理国体育研究等相关文献中，关于南诏大理国体育内容的记载和刊录仅为一笔带过，文字辅佐材料匮乏，史料素材概略、零散、杂乱，对南诏大理国体育项目进行系统分析、完整阐述的难度较大。

2. 实地调研

通过对南诏大理国体育的遗物和遗迹进行调查，借鉴南诏大理国时期的社会制度来解释当时的体育形态。由于无完整翔实的相关文献史料可供参阅，实地调查、口述历史等调研素材显得尤为重要。实地调研是本书研究的重要资料来源，现存的南诏大理国遗址、博物馆文物藏品，是研究南诏大理国体育文化的"活化石"，存有体育活动的珍贵痕迹，与历史文献、民族志、口述历史结合到一起，共同印证南诏大理国体育文化发展轨迹。因此，南诏大理国体育文化研究的载体应是南诏大理国遗址，应对其进行细致的调查研究，捕捉、搜寻现今仍然遗留于边疆民族地区的南诏大理国体育文化遗迹，这是本研究调研的重点。通过深入考察南诏大理国体育项目的遗存概况，对其名称、素材、图片、影像资料、器械、场地、人物传记、采访记录进行细致整理。

（二）南诏大理国体育文化考辨

本研究访谈对象由于受访者受社会环境、学术阅历等影响，对南诏大理国体育文化现象提供不同解读，有时甚至出现截然相反的观点，所述事实的可信度有待查证。这就需要利用史实材料进行核实甄别，最终去伪存真。在个别案访谈中，受访者口头表述的内容、采访所得的素材等可笼统称为"民间文献"。访谈对象所给的口述材料虽然为第一手的素材，但不免有主观性。因此，在对南诏大理国体育项目进行考辨论证时，论证南诏大理国体育文化存在的客观性有较大难度。

（三）南诏大理国体育文化构建

经过实地调研、史料查找，南诏大理国体育文化的形态得到初步复原，南诏大理国体育的存在得到证实。然而南诏大理国体育文化是看得见却摸不着的东西，应该怎样抓住文化的核心，就需要笔者深入探析南诏大理国体育文化的内在本质，才能对其概念进行精确定位，从而构建南诏大理国体育文化的理论。

首先，以"南诏大理国"为上位概念，延伸出"南诏大理国体育文化"的下位概念，对其进行界定，然后深入阐述南诏大理国体育文化的结构，由南诏大理国体育制度文化、精神文化、物质文化、行为文化的四元要素阐述其内在形成，在此基础上对南诏大理国体育文化的特征、本质内涵、外延范围做出详细的阐述，以此构建了南诏大理国体育文化的理论内涵，并探讨其界定范围。同时，对南诏大理国历史与古代体育、南诏大理国体育三者的概念进行辨析，对三者的内部结构、内在关系，相互影响及制约因素进行论证分析，三者相互交融、功能互补。分别以南诏大理国和体育为研究主线，以南诏大理国体育的功能、特征对南诏大理国体育项目进行分类汇总，最终提炼出南诏大理国体育文化的概念和基本原理。

通过史料调研、实地调查等工作，复原南诏大理国体育文化形态，实证了南诏大理国体育文化的客观性存在，对其概念进行精确定位，形成判断南诏大理国体育文化的标准。

（四）南诏大理国体育文化综合论证

对南诏大理国体育文化的发展历程及轨迹、形成机制、社会功能展开论述，突出体育文化的当代价值与研究意义，最后提出南诏大理国体育文化的保护传承的初步构想。

聘请本研究领域的专家和学者对本研究进度进行咨询。经多次研讨后一致认为：从研究论证来看，在白族地区，极具民族特色的白族传统体育与南诏大理国政治制度融合，在其互动发展的过程中，外在条件及内在机制是南诏大理国体育文化萌芽、形成、发展和变化的根本动力。萌芽阶段是南诏大理国建立之初，其统治者随俗而治的政治制度为两者的互动发展提供了条件。随着南诏大理国政治制度的初步确定，为两者的互动提供了基础。形成阶段是南诏大理国文化与当地白族传统体育文化交融至深时，南诏大理国兵制的推行，形成南诏大理国军事体育一枝独秀之势，南诏大理国宗教制度的推行形成南诏大理国体育繁花似锦之态。衰败阶段是南诏大理国文化与当地白族传统体育文化分化、变迁、消逝，绝大部分的南诏大理国体育项目回归到少数民族传统体育中，部分南诏大理国体育项目不同程度地转化融合到其他体育形态中，后随南诏大理国王朝的灭亡而消逝。总体而言在南诏大理国体育文化发展轨迹不断演进中，进而造就了南诏大理国体育文化的繁荣之景，宋代末期南诏大理国体育文化回归变迁。

内、外机制如何促进南诏大理国体育文化的形成是本研究重点。南诏大理国统治者为了自身的利益，利用不同的南诏大理国体育项目，满足统治者的政治需求、娱乐需求、教化需求、宗教需求，导致极具民族特色的当地白族传统体育文化与南诏大理国文化有了交流融合，从而形成了南诏大理国体育文化。其中，包含特殊的自然地理环境、外在条件复杂的社会历史环境及社会经济基础及政治、战争两大内在需求。南诏大理国体育在形成的历史进程中始终遵循共同地域环境、共同生活习俗、共同主体对象、共同宗教信仰四方面共性，是特定民族文化的反映，它同白族的生产方式、生活方式密切相关，是白族群众生存斗争的手段，也是体力、心理锻炼的特殊方式，还是南诏大理国民众养生文化的精华。南诏大理国体育文化起源于以下环境：古代白族百姓生存需要；南诏大理国时期频繁的战争；白族群众宗教信仰的需求；白族先人适应自然的需要；南诏大理国白族群众娱乐需求；白族群众情感文化交流需求；南诏大理国统治者和群众的养生保健需求。经过实践检验，浅层南诏大理国体育文化生成时，存在于南诏大理国社会群体的生活习俗中；深层南诏大理国体育文化生成时，存在于大众的道德习惯中，逐渐深入民族的深层意识。由浅至深、由表及里的生成机理，使南诏大理国体育文化循序渐进地根植于南诏大理国地区的统治者和被统治者这两大群体中。

（五）总结南诏大理国体育文化的社会功能及历史地位

首先肯定了南诏大理国体育文化具有保边戍疆的军事功能、稳定南诏大理国社会的凝聚功能、控制百姓意识的宗教功能、满足多层次精神需求的健身娱乐功能、最终形成捍卫南诏大理国政权的主要政治功能。然而，南诏大理国体育文化的主导者是南诏大理国统治者，具有为少数统治阶级服务的特征，必然存在其发展的历史局限性：严格等级制度限制了南诏大理国体育公平发展；封建割据性阻碍了南诏大理国体育文化的交往融合；残酷的剥削压迫成为南诏大理国体育发展的障碍；南诏大理国的消亡终结了南诏大理国体育的生命。可见，研究南诏大理国封建社会的体育文化，南诏大理国体育文化是民族体育史上一个不容忽略的历史内容，并占有重要的历史地位。

（六）提出南诏大理国体育文化的传承发展构想

把依附南诏大理国文化而生的南诏大理国体育文化作为研究对象，以传承保护南诏大理国体育文化为目的，提出对策建议及设计思路。

第一，建全南诏大理国体育文化发展外围环境：通过加大政府政策扶持、加大开发整理力度、加强学术理论研究、加大宣传力度等措施手段，营造南诏大理国体育文化良好的发展环境，使南诏大理国体育文化得到社会的广泛认同。

第二，建立南诏大理国体育文化发展内在机制，形成旅游产业化：分析论证南诏大理国体育旅游产业独特优势，设置南诏大理国体育旅游资源产业开发原则，设计南诏大理国体育旅游产业化方案，提出南诏大理国体育旅游产业化发展构想及产业化运作模式。

通过复原南诏大理国体育文化，证实南诏大理国体育文化的存在性；构建南诏大理国体育文化的理论体系；呈现南诏大理国体育文化的内在特征；考辨南诏大理国体育项目；呈现南诏大理国体育文化形态轮廓；还原南诏大理国体育文化的发展历程及轨迹、形成机制、社会功能，并加入自己对南诏大理国体育文化的思考，客观记述南诏大理国时期存在的体育现象，揭示南诏大理国体育形成和发展的机制功能，完成综合论证，形成最终成果。探讨南诏大理国体育文化传承的性质、规律，初步构建其传承机制及发展战略是本书研究的最终目的及意义所在。

第一章
南诏大理国的历史概述

南诏大理国是8—13世纪位于云贵高原的白族祖先建立的地方民族政权。它的建立,既是云南历史上的一件大事,也是中国历史上的一件大事,对于认识中华民族统一体的形成与发展有着非常重要的意义。

第一节 南诏国的形成

8世纪初,洱海周围有六大部落,因为部落酋长称诏,通称"六诏"。蒙舍诏地处其他五诏之南,故称南诏。649年,哀牢夷后裔"细奴逻"在今大理洱海南岸的阳瓜江畔建立了"蒙舍诏",这个"蒙舍诏"就是南诏王朝的前身。"蒙舍诏"后来受到大唐王朝的支持,737—738年之间,南诏王皮罗阁一统洱海地区,灭了五诏。739年,南诏王皮罗阁从巍山迁都到现今洱海西岸的大理市,在这座太和城建立了南诏大理国的第一都城,并开始仿效唐朝的六部制,设立了六朝清平官制度,正式建立了雄霸一方的南诏国王朝,成为中国历史上在西南一带建立的多民族政权。南诏依靠唐王朝支持,于748年统一了整个云南地区。南诏统治云南地区169年,经济文化得到空前的发展,创造了一个辉煌的时代。

第二节 南诏国与大理国的更替衔接

一、南诏国灭亡后的形势

南诏中兴六年(902),清平官郑买嗣篡蒙自立,国号"长和"[1],改元"安

---

[1] 樊绰. 蛮书 [M]//南诏大理历史文化丛书:第1辑. 大理:大理白族自治州文化局,1998:122.

国"，历时253年之久的蒙氏政权宣告结束①。南诏国的灭亡固然可以看作是郑氏势力膨胀的直接后果，也是南诏后期社会矛盾空前激化的必然结局。异牟寻后，南诏统治逐步陷入危机之中。统治阶级的昏庸导致水利失修、洪水泛滥、民怨沸腾，统治者不思悔改、贪图酒色，最后被臣子杨登弑杀于东京（今云南昆明）。

为了摆脱危机，南诏后期统治者除了不断改元加号以求吉之外，还发动一系列的对外战争。尽管这些对外战争给南诏统治者带来了相当丰厚的利益，但对其社会生产的破坏也是相当严重的。国中疲弊，统治者加大了对人民的压榨，增加了社会矛盾，使南诏国统治更加危机。统治者另一个摆脱危机的办法就是大力提倡佛教。南诏统治者均以僧人为国师，遍建寺塔，广铸佛像。这些"感佛维持"的举动也并没有使南诏统治摆脱危机。相反，由于疯狂佞佛所带来过度的劳民伤财，社会矛盾进一步加剧。伴随南诏后期统治危机的逐步加深，统治大权逐步由蒙氏转到了朝廷重臣手中，最终导致了南诏国的灭亡。

南诏国灭亡，至段思平建立大理国的三十余年间，政权频繁易手。其中原因，有学者认为主要是社会性质发生了变化——封建制代替奴隶制，新兴政权不能顺应历史潮流，对奴隶制残余势力采取让步和妥协，故而无不昙花一现。唯有段思平上台采取了坚决的措施，废除奴隶制度，政权得以巩固，延续三百余年。另有学者则把原因归结到郑氏、赵氏、杨氏与段氏本身，认为郑氏、赵氏、杨氏篡权夺位是由于没有足够的实力控制局面，而段氏恰恰相反，赢得了各种势力的普遍支持②。南诏国灭亡以后，如何使激化的各种社会矛盾得到缓和与解决，如何使日益膨胀的各种政治势力得到平衡与利用，是摆在新建立的大理国面前的难题。

二、大理段氏势力的崛起

大理国的开国君主为段思平。段氏之先，诸本《南诏野史》引《哀牢夷传》称为"云南土著"。然而，此记载显不可信。据《华阳国志》诸书所载："汉晋之际的南中大姓中并无段氏，案牍姓段氏，讳琏，考其世袭源流，乃楚庄蹻之将官也。威王使蹻伐滇，既克，会秦灭楚，蹻遂留王滇池，以其众分为五将，段氏

---

① 向达. 南诏史略论——南诏史上若干问题的试探 [J]. 历史研究, 1954 (2): 28-29.
② 阿桂婷, 白文婷, 尹金萍, 等. 南诏国时期军事活动与彝族传统体育的关系研究 [J]. 科技信息, 2010 (30): 694.

其一也。"① 据现有材料笔者认为，庄𫏋入滇与段氏族属似乎并无直接关系。因此，这段源自家谱的材料只能说明，大理时期段氏已将世袭追到先秦，以此证明自己王于滇中的合理。还有一种说法是，段氏之先本武威郡人。檀萃《诏史补》等书又称："段氏之先本武威郡姑臧人。姑臧为县始于汉武帝时，世为武威郡治所在。"② 因此，武威与姑臧在这里没有分别，都是指的今甘肃武威。

但很早以来，西北一带就是氐羌民族的主要聚居地。约在周秦之际，这些氐羌民族逐渐退居于陇山脉之中，而以天水带古所谓秦州或陇州的地方为其中心。

在漫长的历史进程中，受到各种因素的影响，居于我国西北的氐羌民族有一个不断向南迁徙的过程。从上面的叙述可知，仪陇、隆城始设于萧梁；天水、九陇始设于西魏；隆山始设于北周；而汉阳西汉已设，南秦为晋时改南昌而来。

由此可见，如果秦汉以前的氐羌民族南迁可以置诸不论的话，以后则主要有晋与梁魏两次高潮。依照史书记载，云南段氏起于魏，末段延。从可信的材料来看，段之一姓在云南直到皮罗阁时才出现的。所以，笔者认为这里的魏末是元魏之末。段氏进入云南以后，初为"渠帅"即以段氏为核心的南迁氐羌部族的首领。至段凭时，入朝，拜为云南刺史。其后，段氏一族世任唐代要职，至皮罗阁时，有段道超者得封国师，段氏势力迅速膨胀。至阁罗凤，遂出现了像段俭魏这样权势极重的段氏显贵。据《南诏野史会证》记载："洱河有妖蛇名薄劫，塞河尾峡口，兴大水淹城。王出示：能灭者，赏尽官库，子孙世免差役。有段赤城愿灭蛇，缚刀入水，蛇吞之，蛇亦死。水患息。王建寺镇之，以蛇骨灰塔，名曰灵塔。"③ 标志着段氏势力的影响已经可以在各方面与旧有张、李、赵、杨诸姓势力相提并论。劝丰祐时，段宗膀、段酋琮为清平官。狮子国侵缅，缅王求救于南诏，劝丰祐令段宗膀率兵往救，此时南诏政权已经逐步陷入危机之中，朝中乏人，段宗膀成了南诏政权的核心人物。与此同时，又有段酋迁者为世隆朝大军将。可见，以段姓作为标志的段氏势力经过不断的发展，至南诏后期的确已经可以和其他诸姓势力相与颉颃了。李京《云南志略》："思平，蒙清平官忠国六世孙，布燮保隆之子。"④ 碑文称段思平之父为段保隆，碑文称段保隆为蒙清平官，说明段思平之父曾在南诏后期担任要职。尽管段思平之父曾经贵为布燮，但据各

---

①常璩. 华阳国志校注 [M]. 成都：巴蜀书社，1984：12.
②檀萃. 诏史补 [M]// 樊海涛. 青铜井烛——滇国历史文化探微. 昆明：云南美术出版社，2021：23.
③倪辂. 南诏野史会证 [M]. 昆明：云南人民出版社，1990：244.
④李京. 云南志略辑校 [M]. 昆明：云南民族出版社，1986：321.

书所载,其幼时境遇却并不很好。其后,由于战功卓著,段思平逐渐得到擢升,最后成为通海节度使,开始走上了他的建国之路。

段思廉的继位标志着段思平、段思良二系势力矛盾冲突的告一段落,但集团内部各种势力的你争我夺却并未因此偃旗息鼓。所不同者,段思廉继位以前的矛盾冲突更多地表现为王室之间的明争暗斗,而并不危及段氏的统治,矛盾冲突则更多的是外姓的卷入,直至高氏的废段自立。

南诏后期崛起的六大政治势力,除了郑氏伴随长和国的灭亡而遭到了灭顶之灾与段氏顺天应人登上帝座而外,其他四姓政治势力均加入了段氏的统治集团,包括段氏直接与之对抗的杨氏势力。也就是说,自段思平开国,段氏政权就是一个各种政治势力共同参与的联合政权,联合执政的前提是各种政治势力的相互平衡,只有相互平衡,才能相互牵制。而伴随着各自势力的相互平衡被逐步打破,段氏统治的危机也就随之到来了。

赵氏,天兴国亡后,赵氏受到很大的打击。加盟杨氏集团而被段氏引为依靠。董氏,董氏势力在大理国建国之初相当得志,几乎到了左右朝政的地步。然而好景不长,董氏一姓很快便从政治舞台上销声匿迹了。高氏,汉晋之际已为大姓的高氏,南诏前期势力并不显赫,各种世谱所录事迹,亦系任意附会,多不可信。南诏后期,高氏势力逐步发展起来,成为一支重要的政治力量。至段思平建国,高方功莫大焉,封侯领地,使高氏势力膨胀,段思聪时已经取代董氏成为朝政大权的实际控制者。之后,段素廉、段素隆、段素真、段素兴、段思廉诸朝均以高氏为相,高氏势力权倾朝野,成为最有实力的政治集团。杨氏,杨氏势力是南诏后期崛起的六大政治势力中最有实力的集团。义宁国的灭亡,杨氏势力遭受沉重打击,但却没有万劫不复。它的部分势力很快倒向段氏,成为段氏联合统治的一支重要的政治力量。诸姓势力的相互消长打破了大理国统治集团内部力量的平衡,最后把段氏政权拱手交给了一枝独秀的高氏集团。

至此,南诏灭国,段氏势力迅速崛起,为大理国的建立积淀力量。

第三节　大理国的建立

大理国是 10—13 世纪位于云贵高原的白族祖先建立的地方民族政权。大理国统治的 316 年(不含大理总管时期)可以分为前后两个时期。在其前期的 150 余年中,段氏统治较为稳定,各种政治势力相对平衡。尽管也有各种叛乱不时发生,但都没有对段氏形成威胁。而段氏自身,则经历了一个由段思平系转到段思良系再回到段思平系的权力转移过程。

由于受所处的特殊的时代环境影响,段思平很早就立下了改朝换代的建国宏愿。一切准备就绪之时,段思平举兵讨伐杨诏直逼都城义,宁政权宣布结束。段思平建国改国号为"大理"。与长和、天兴、义宁几个政权均是来自夺宫之变不同,大理国的建立是通过大规模的战争得以实现的。在这场改朝换代的武装较量中,段思平能够获得胜利,究其原因,有以下几点:联合了各种政治势力、进行了充分的起事准备、杨氏政权的天怒人怨。大理国的建立结束了南诏灭亡以后政权频繁更替的局面,为云贵高原社会经济的进一步发展创造了条件。

综上所述,902年南诏国灭亡,先后更替了"大长和国"(902—927)、"大天兴国"(928—929)、"大义宁国"(927—937)。937年,通海节度使段思平联合乌蛮三十七个部落,推翻了"大义宁国"建立了大理国。段思平取得政权后,国号"大理",为了巩固新兴的政权,分封亲属和臣属,对段氏族人则分封于关津要隘和富沃之区,享有世管世禄,管土管民的特权,为了扩大地盘,还经常发动战争以此来兼并其他民族部落土地。

一、大理国政权的初步稳固

南诏亡后,新兴政权能否长久稳固取决于它对各种政治势力的平衡与社会危机的缓和。对于前者,段思平在推翻义宁政权的过程中已经初步实现;而对于后者,则有待于段思平即位之后所做的种种缓和社会危机的努力。后晋天福二年(937),段思平即位以后,深知其建国大业并未就此完结,新兴政权的稳固还需付出更多的努力。至后晋开运元年(944)去世,在其当政的6年里,段思平采取了一系列稳固政权的措施。

(一)稳定各种势力

尽管在推翻义宁政权的过程中段思平已经使各种政治势力加盟段氏,但他很清楚,这种盟友并不稳固。在段氏夺得政权以后,如果没有使这些政治势力得到满足,其联盟立刻便会土崩瓦解。而这个联盟一旦瓦解,段氏政权就会陷入岌岌可危的境地。因此,段思平即位以后,一方面对义宁旧臣尽行铲除,尽逐杨氏邪臣;另一方面则对支持他的各种政治势力大加分封——封董伽罗为相国,封董庆治兰州(今云南兰坪);封高方为岳侯,分治成纪(今云南永胜)、巨桥(今云南昆阳）等地；封爨判为巴甸侯，"自山（在今云南建水城南）迤里至东南有目则山，又东为羡衰山，皆南诏时以赵姓者守其地，至是皆为判有。至于澄江、河阳，么些蛮（当为些么蛮）所居，判皆夺据之①"。段思平也没有像长和、天兴、义宁几个政权一样赶尽杀绝旧臣，而是区别对待，"罪大者明正罚爽，表暴贞良②"，乃至杨于贞也仅只废其为僧而不予杀戮，这对于稳定杨氏集团与义宁旧臣无疑具有极大的作用。各种政治势力得到稳定，大理政权的稳固也就有了必要的前提。

（二）加恩于滇东三十七部

在推翻义宁政权的过程中，滇东三十七部的加盟是其关键。因此，段思平即位以后，对滇东三十七部给予了特殊的恩惠政策，"免东方三十七蛮部徭役"③，虽然在大理国统治期间未尝加兵于滇东三十七部之说并不确切，但滇东三十七部作为特殊的政治团体存在则是事实。通过对滇东三十七部给予的优渥政策，段思平既表现出了对支持他建国的各族势力的厚待，又表现出了对其他各族势力的召唤，从而稳定了滇东及广大的边夷地区。

（三）废除杨氏苛刑峻令

义宁政权统治时期，为了摆脱危机，杨氏颁行了一系列苛刑律令。但这些苛刑律令不但没有使杨氏统治摆脱危机，反而使社会矛盾更趋尖锐，上下成怨。段思平即位以后，对杨氏苛政进行了全面改革，"更易制度，损除苛令"④，"赦国中凡有罪无子孙者"⑤，"于是远近归心，咸奉约束"⑥。故此，社会、政权都具有稳定性。

二、大理国经济社会发展

（一）普遍实行减税宽役

在蒙舍誓师中，段思平曾经许诺起事诸部，事成之后同享富贵。蒋彬《南诏

---

① 诸葛元声.滇史［M］.芒市：德宏民族出版社，1994：74-78.
② 诸葛元声.滇史［M］.芒市：德宏民族出版社，1994：22.
③ 倪辂.南诏野史会证［M］.昆明：云南人民出版社，1990：65.
④ 诸葛元声.滇史［M］.芒市：德宏民族出版社，1994：208.
⑤ 倪辂.南诏野史会证［M］.昆明：云南人民出版社，1990：68.
⑥ 诸葛元声.滇史［M］.芒市：德宏民族出版社，1994：208.

源流纪要》更称段思平曾经言于众人:"尔等协力,我得国必报之,减尔税粮半宽尔得役三载。"① 段思平继位以后是否履行了减税宽役的诺言,史籍没有明载。一般倾向于确实实行,赦免滇东三十七部差役就是此减税宽役政策的一个部分。毫无疑问,此政策的实行对社会稳定与生产发展产生了巨大的影响。

(二) 大力推崇各式宗教

为了提高段氏的威信,稳定政局,段思平即位以后还大力推崇宗教。大力推崇宗教的结果,不仅使大理政权罩上了一层神圣的外衣,而且对于弱化敌对势力、缓和社会矛盾均有积极的意义。杨于贞被废为僧就是一个典型的事例。

以上措施的实施,从各种政治势力的平衡与社会危机的缓和两个方面使新兴的大理政权逐步站稳脚跟,至段思平去世,稳固政权。后晋开运元年(944)段思平去世,时年51岁。段思平是云南乃至中国历史上杰出人物之一。他所建立的大理国政权不仅结束了南诏亡后政权频繁更替的局面,促进了云贵高原社会经济的发展,而且使中国的西南边疆进一步稳定,客观上有利于中华民族统一体的形成。

第四节 大理国的灭亡

一、大理国后期统治集团内部出现矛盾冲突

后晋开运二年(945),段思英即位,改元为经。

段思英为段思平之子,在位仅一年即被其叔段思良与相国董迦罗废而为僧。段思英的被废主要有三个原因:一是性情暴戾,二是淫戏无度,三是变易旧制。段思英被废与段思良即位是大理国初期的一次典型的夺宫之变,反映了统治集团内部各种势力的斗争相当激烈。李京《云南志略》:"段思良为段兴胄。兴胄疑作思胄,而思良之名或为后称。段思良即位,治六年段思良死,其子段思聪即位。时值后蜀衰弱,段思聪欲兴兵攻蜀,为高侯所阻,说明此时的朝政大权已由董氏转到高氏手中。段素顺立,实行无为而治。"②

至段素廉时,围绕立嗣问题,统治集团内部的矛盾冲突复又加剧。倪蜕《滇

---

①蒋彬. 南诏源流纪要 [M]. 明嘉靖间刻本, 1532(嘉靖十一年).
②李京. 云南志略辑校 [M]. 昆明:云南民族出版社, 1986:56.

云历年传》卷五记载："段素廉子阿统不肖，废之，而立其侄素隆。"① 阿统被废的原因与段思英一样，由于自己性情顽钝、淫欲无度。然而，令人费解的是，阿统废则废矣，何以还要"幽于别馆"？而穴地以通饮食就更令人奇怪了！阿统被废之后似乎处于被软禁或囚禁的状况。在这一点上，他比同样被废的思英下场更惨。以阿统的"不肖"而被废黜即使不算过分，也大可不必将其软禁或囚禁，而作为生父的段素廉又于心何忍？《南诏野史》称："（段素廉）在位十三年，为君无述，其子前死，孙素真尚幼，乃立素英之孙素隆。素隆者，素廉之侄也。"② 也就是说，在段素廉去世之前阿统即已去世，由于阿统之子段素真年纪尚小，段素廉不得已遂立其侄段素隆以继。素隆之立是由于阿统不肖被废还是不幸早夭，方国瑜先生认为"不知孰是"③。笔者认为，二者并不矛盾。以阿统被废之后的处境之恶，死于其父之前是完全可能的。但素隆之立却绝对应该在阿统死前而不是死后，否则阿统的被软禁或囚禁就变成了小题大做，让人难以置信。无论从哪方面看，阿统的下场都类似于宫廷政变中失败君王的下场。因此，段素廉废子立侄的举动有可能是受到了段素隆父的威逼。

冯甦《滇考》卷上："素隆立五年，阿统有子素真，幼聪慧，祖母怜之。素隆乃避位为僧，传于素真。"④ 诸葛元声《滇史》卷八记载更详："阿统之废也，素廉之妻抚统子素真。素真幼警敏，识人意表。阿统幽死，祖母怜素真不得立，使人让高相。高相不得已，劝素隆避之。素隆立五年矣，亦无失德。丙寅，避位为僧，传位于素真。"⑤ 此段记载证实了笔者以上的诸多判断：第一，段素廉之废子立侄的确是受到了段素隆父子势力的威逼，否则就不会出现段素廉之妻倍怜阿统父子的遭遇而最后又必欲拥立段素真即位的情况；第二，阿统之死的确是属于幽囚而死，故段素隆之立并不是由于阿统早死之故；第三，从段素隆在位五年并无失德而愿逊退为僧分析，他的即位的确应该不是光明正大的。所以，阿统之废与素隆之立也应该是一场典型的夺宫之变，反映的是段素廉兄弟之间势力的较量。而当素隆即位之后，不足以弹压局势，遂又不得不将王位归还阿统之子素真。所谓"高相不得已"，其实是素隆不得已。在这场夺位、还位的权力之争

---

①倪蜕.滇云历年传[M].昆明：云南大学出版社，1992.
②樊绰.蛮书[M]//南诏大理历史文化丛书：第1辑.大理：大理白族自治州文化局，1998：122.
③费孝通.中华民族多元一体格局[J].中国民族，2019，571（4）：80.
④冯甦.滇考[M].昆明：云南民族出版社，2002.
⑤诸葛元声.滇史[M].芒市：德宏民族出版社，1994：85.

中，高氏势力扮演了相当重要的角色。

继段素真者为段素兴。段素兴昏庸无能，淫欲过度。在位三年，被国人以"荒淫日甚"而废①，则标志着属于段思良一系势力统治的趋于末路。与此相反，属于段思平一系的势力迅速壮大，至其玄孙段思廉，"体貌魁杰，德量过人"②，逐渐赢得国人支持，并与大权在握的高氏集团结成联盟。随着段思平、段思良两系势力的此消彼长，至段思廉时，段思平一系势力已经对段思良一系势力形成了威胁，"国中翕然曰：'此我祖庆余也！'即推戴立（段思廉）为大理国王。"③因此，段素兴之被废是受到了段思廉势力的逼迫，高氏势力的倒向也都应该是因为这个缘故。那么，段素兴被废与段思廉之立还是一场夺宫之变。而通过此一夺宫之变，统治权力又重新回到了段思平一系子孙的手中。表面上看，大理国前期的政治状况似乎比较平稳，没有惊天动地的事件发生。而事实上，统治集团内部各种势力的矛盾冲突却是相当激烈。

二、大理国统治的危机

大理国后期，伴随高氏势力的无限膨胀，把持朝政，段氏统治逐步被削弱，听命高氏，碌碌无为。与大理国前期相比，大理国后期的帝王大多在位很长。按照中原王朝的逻辑，帝王临朝时间的长短一般是与其文治武功成正比的。而大理国后期不然，它的各代帝王尽管临朝时间不短，其在位时的有限政绩却没有一项不是高氏的所为。质言之，大理国后期的各代帝王已经成为徒有虚名的摆设。他们在位的长短，只要不危及高氏的统治，没有什么实际价值。大理国后期各代帝王醉心宗教，上面所述列的6位帝王中，其中5位均沉迷佛教，并有4位或3位帝王禅位为僧。此情形固然可以看作是大理国后期佛教盛行的后果，同时也是大理国后期段氏统治危机的后果。在高氏势力上下严密的控制下，段氏统治的危机已无回天之术了。与段氏统治的危机相比，高氏统治日益加强。随着段氏势力的彻底削弱，大理国后期崛起的六大政治势力最终只剩下了高氏一门。在高氏一门大权独揽的前提下，大理国前期的多姓势力的争夺变成了内部的争夺。高氏内部对于领地和相权的相互争夺，对大理国后期的历史产生了两方面的影响：一是削

---

① 徐嘉瑞. 大理古代文化史稿 [M]. 北京：中华书局，1978：96.
② 黎光远. 南诏德化碑 [J]. 边疆文学，1999（11）：53-54.
③ 樊绰. 蛮书 [M]//南诏大理历史文化丛书：第1辑. 大理：大理白族自治州文化局，1998：46-47.

弱了段氏的统治力量；二是加深了已有的社会矛盾。前者使大理国的周边地区逐渐脱离控制，后者则使阶级冲突与民族冲突空前加剧。进入大理国后期，伴随统治力量的逐步削弱，位于大理附近的其他民族部落与地区纷纷拥兵自重，割据称雄。总之，大理国统治都已逐步陷入危机之中。

天授元年（1096）高升泰死，其子高泰明还位段氏，史称"后理"。与前期相比，大理国后期的政治状况特征鲜明：第一，高氏一门世代为相。段氏恢复王位以后，段正淳以高泰明为相国、高泰运为栅主，执掌政柄。后沿成例，高氏一门世为相国。形式上，段氏仍为国主，事实上，一切内外大权尽归高氏。第二，高氏子孙分治各地。第三，东、西两京相对独立。

本章小结

大理国统治的316年（不含大理总管时期）明显可以分为前后两个时期。在其前期的150余年中，段氏统治较为稳定，各种政治势力相对平衡。尽管也有各种叛乱不时发生，但都没有对段氏一统天下形成威胁。而段氏则经历了一个由段思平系转到段思良系再回到段思平系的权力转移过程。段思平继位以后，深知其建国大业并未就此完结，新兴政权的稳固还需付出更多的努力。大理国后期，伴随高氏势力的无限膨胀，把持朝政，段氏统治逐步削弱，听命高氏，碌碌无为。直到蒙古平定大理，大理国灭亡。

与中国历史上的许多王朝不同，尽管大理国后期统治集团内部的矛盾冲突也很尖锐，但它的迅速灭亡原因是外来因素。大理国灭亡之后，蒙元政府没有对段氏彻底斩草除根，反以大理总管之职授以段氏而直至元亡，这又与中国历史上的许多王朝的结局大相径庭。

第二章
南诏大理国体育文化考辨

第一节 南诏大理国军事体育

南诏大理国军事体育是指在西南边疆白族地区南诏大理国时期,南诏大理国统治者为取得战争胜利,主动利用当地的白族传统体育进行军事训练的项目,如武术中的白族拳、郁刀、浪剑、骑射、象术等,这些南诏大理国体育项目不仅服务于南诏大理国统治阶级,还为统治阶级捍卫政权、抗御外敌、保疆守土、维护其世袭统治地位服务,因而被统治者极度重视。因此,南诏大理国军事体育起到了安土保境、巩固政权的作用,在南诏大理国体育项目中地位较高。

一、武术

尚武是保家卫国本能需求。在南诏大理国时期,征战频繁的时代,保家卫国是南诏大理国军事长官的首要任务,想要使自己的国家能够更好地生存与发展,国家必须要有非常强盛的军事力量,军队也是国家的尚武之先锋。

(一)白族拳

武术中的拳术是我国一项传统体育项目,白族拳高频出现于南诏大理国时期的军事战争中,说明白族武术中的拳术格斗技能在南诏大理国冷兵器的战争中发挥很大的作用。

南诏大理国时期不同民族部落之间经常会为了争夺政治地位和生存资源而发生冲突并爆发战争。战争在古代是解决这种矛盾冲突的最佳方法,武力也就成为解决问题的方式。据樊绰《蛮书》卷十记载:"缘南蛮狡猾,攻疾在心,田桑之余,便习斗敌,若不四面征战,凶恶难除。"可见当时的各部非常的好战,崇尚强权和武力。鉴于此,南诏大理国军事头领就开始让士兵与百姓习武练拳,形成了一股习武的社会风气,使白族拳术在南诏大理国军事战争中不仅成为一种技术,也成为南诏大理国所需要的一种生存能力。

武术活动在南诏大理国开展得比较早,早在南诏(738—937)时期就已经有着一套军事制度和比赛制度。白族拳术由于未能很好地传承,流传到现在的白族拳种已为数不多。仅剩白族拳、犬尾拳、花拳、鸳鸯伸腿鸳拳、破四门拳等。南诏时期白族拳术的产生带有很强的军事色彩,南诏是乌蛮、白蛮两大姓氏,辅佐境内的汉族组成统一国家,抵御唐与吐蕃两个强邻抵抗外敌入侵。白族拳术在这种条件下应运而生。士兵头领在战斗中总结打斗经验并且把在战斗中最简单、最成功的砍、劈、击、刺等实用的动作汇编入白族拳术搏斗中,士兵们平时训练时不断模仿练习,形成白族拳术搏斗技能。

军队在军事训练中以练习大量的白族拳术为主,以此来快速增强部队的单兵战斗能力。在史料中曾记载,南诏大理国时期的战争场面,白族拳术就被用于军事战争,官衔较比较高的将领身穿金色铠甲与敌人战斗,士兵们在将军的带领下激烈地战斗,刺、挡、砍、劈等这些最为简单的拳术动作被南诏大理国士兵灵活地运用于战场之上,这是能够取得战争胜利的最佳保障。

白族拳术与军事训练始终相辅相成,只要有战争,军事训练里就会有拳术的踪迹,习拳练武不仅仅用于强身健体,在古代以身体进行直接战斗的形式下,白族拳术在战争中起到非常重要的作用,不仅可以保护自身不被轻易打倒,还具有有效杀敌的效果,这是白族拳术训练的根本宗旨。

白族拳术在南诏大理国时期最主要的训练目的就是生活与战争,生活中可以使百姓得到更多的食物,满足日常所需;战争中能够更好地击退和打败敌人,起到保家卫国的作用。南诏大理国统治者让百姓与士兵进行白族拳术训练就是为了能够更好地服务于自己的政权。所以,南诏大理国的白族拳术也受到统治者的高度重视,在军事体育活动中发展较好,起到了保卫国家的作用,是征战取胜的有效方式,同时也形成了南诏大理国全民习武的风俗。

(二)铎鞘、郁刀浪剑

唐王朝统一以后,南诏大理国时期,南诏刀剑铸造技艺更趋精良,铁的冶铸已经达到一个相当高的水平,刀、剑的广泛使用形成练兵方式的多样化,铎鞘、郁刀和浪剑在西南乃至中原地区都享有较好的声誉，进而丰富了军事体育内容的扩大，扮演重要之角色。郁刀是一种铸造时以毒药并冶的刀，伤人即死。浪剑则是南诏上下所佩之剑，是南诏剑中之精品。据《蛮书》卷十记载："浪人诏能铸剑，尤精利，……谓之浪剑……并献铎鞘、浪川剑、生金、瑟瑟、牛黄、琥珀、白氎纺丝、象牙、犀角、越赕马、统备甲马、并甲金文，皆方土所贵之物。"①在南诏和唐王朝结盟后，南诏曾向唐朝进献大量当地贵重的贡物，铎鞘就是其中之一，其以利刃锋利著称，代表了南诏先进的铸造技术。

1. 铎鞘

在有关南诏大理国兵器的记载中，关于南诏大理国铎鞘的记载颇多。铎鞘以其制作工艺精细、外形精致美观和刀刃锋利闻名于世，是南诏大理国非常珍贵罕见的一种兵器，一般是南诏王出战的专用兵器，常被作为贡品进献于唐王朝。又据《新唐书·南诏传》载："异牟寻金甲，蒙虎皮，执双铎鞘，滋还，复遣清平官尹辅酋等七人谢天子，献铎鞘。"②《册府元龟》第九七二卷记载，贞元十年，南诏王遣使蒙凑罗栋等来献铎鞘、浪人剑及吐蕃印八纽。倪蜕《滇考》记载："铎鞘者，状如残戟，有孔旁达，出丽水。饰以金，所击无不洞。夷人宝重，月以血祭之。"③在相关记载南诏大理国兵器的史料中，很多都提及南诏大理国的铎鞘，曾被多次作为贡品进献于唐王朝。据《云南志校释》载："铎鞘，状如刀戟残刃。积年埋在高土中，亦有孔旁达。出丽水，装以金穿铁锁，所指无不洞也。南诏尤所宝重。昔时越析诏于赠有天降铎鞘。皮罗阁得之，今南诏王出军，手中双执者是也。贞元十年，使清平官尹辅酋入朝，献其一。"④史书记载说明南诏王出征时使用的兵器就是铎鞘。在剑川的石钟山，至今还保存着侍者手握铎鞘在异牟寻旁站立的石刻。由此可知，铎鞘在当时的兵器中有很高的地位，是南诏王专用的兵器，成为一种身份的象征。

南诏大理国长期战乱，在战场上不可或缺的就是兵器，频繁的军事战争是促进南诏大理国兵器不断完善的主要因素，兵器作为取胜的关键，起到了至关重要的作用，所以南诏大理国在兵器的制造方面被统治者高度重视。同时，随着生产力快速地提高，打造兵器的技术也得到突飞猛进的发展。由于南诏大理国地形比

---

①樊绰. 蛮书 [M]//南诏大理历史文化丛书：第1辑. 大理：大理白族自治州文化局，1998：66.
②王忠. 新唐书南诏传笺证 [M]. 北京：中华书局，1963：32.
③滇考校注 [M]. 昆明：云南民族出版社，2002：47.
④樊绰. 蛮书 [M]//南诏大理历史文化丛书：第1辑. 大理：大理白族自治州文化局，1998：20.

较复杂,因此,根据实际,制造出了能适用于战争的各种长短兵器,而这些兵器依据战争中战士们的需要不断进行改进。使得兵器越来越适应当时战争,经过改进的兵器能够让士兵更好地进行杀敌御敌。由上所述,可知兵器是随着战争和社会的发展而逐渐进步与优化。

2. 郁刀浪剑

据周去非《岭外代答》卷六记载:"左右江峒与界外诸蛮刀相类,刃长四尺而靶二尺,一鞘而中藏二刃,盖一大一小焉。靶之端为双圆而相并。……峒人、蛮人宁以大刀赠人,其小刀必不与人,盖其日用须臾不可缺。忽遇药箭,急以刀割去其肉,乃不死,以故不与人。"① 根据此记载,郁刀有以下四个显著的特点:第一,色黑——"铁青黑";第二,极沉——"沉沉";第三,砍物不卷刃——"不䤨";第四,锋利——"吹毛透风"。色黑,有学者认为说明其铁质含量较高。极沉,说明它的铁质不同一般。不䤨,按《康熙字典》的解释即不"函"。"函",许慎《说文解字》释为"舌"。"䤨"即可释为不卷刃,这与它的"吹毛透风"特点正好互相补充。包汝楫《南中记闻》记载云南白族试刀,挥刀断小牛之头后,小牛尤能行十余步不仆。就其颜色青黑、分量极沉推测,郁刀在冶炼过程中很可能采用了发黑技术,致使其表面美观而不生锈。

周去非《岭外代答》卷六又称:"盖大理有丽水,故能制良刀云。"② 说明南诏大理国时仍然十分重视淬火技术。由此不难看出,郁刀如图2-1所示,之所以能够享誉域外,是由于它的非同一般的冶炼技术。

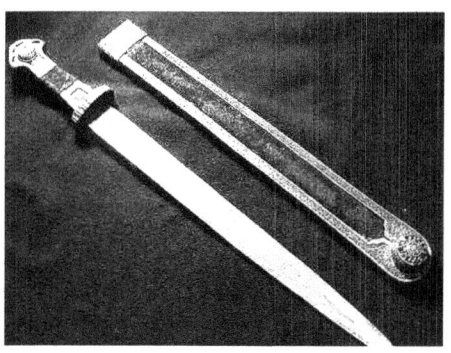

图 2-1 大理郁刀

---

① 周去非. 岭外代答校注 [M]. 北京:中华书局,1999:84-85.
② 同上。

李石《续博物志》卷九："刀剑以柔铁为茎干,不可纯用钢。纯钢不折则缺。"① 史料中概述刀剑的材料,见于樊绰《云南志》与《新唐书》。有学者认为,云南刀剑是先用熟铁制出刀背,再用纯钢制出刀刃,然后经过叠打、焊接而成。而郁刀的制造技术更要复杂。南诏国军事活动地位显赫,为军事体育的蓬勃开展创造了必要的条件。早在"六诏"统一前,苍洱地区的农业、手工业和畜牧业就已呈现出了迅速发展的强劲态势。其中,手工业的发展主要以兵器,尤其是铁剑的普遍制造为标志。铁剑既是生产力向前发展的标志,也是统治者用于掠夺财富的武器,预示着该地区已开始了从原始社会向封建社会跨越。

南诏尚武最具有特色的标志是佩剑成风,称为浪剑。"使人用剑,不问贵贱,剑不离身,……南诏所佩剑,已传六七代也"②。至于大理,冶铁制品仍然以"刀"闻名。范成大《桂海虞衡志·志器》："云南刀,即大理所作,铁青黑沉沉不锈,南人最贵之。"③ 周去非《岭外代答》卷六在记载徭刀和黎刀之后,称"蛮刀,以大理所出最佳,""今世所谓吹毛透风,乃大理刀之类"④。大理与宋使节往来常以刀剑为献,边境贸易货物中有云南刀一种,无不说明大理刀在当时声誉极高。需要战士们要身体协调用力,身体要同时发力,全身都能够与兵器协调配合在一起,这样才能够发挥它更大的作用。需要劈砍时下肢稳扎,上肢刚猛有力,在进行战斗时还需要要求战士有较高判断分析能力,不断的运用和训练,能够熟练地使用,这在作战时能够发挥非常重要的作用,也能快速提高整体的战斗力,以更准确地进行杀敌。

二、骑术

射箭是古代士兵基本的军事技能,骑射可以说是骑兵的看家本领,而骑术是支撑起整个骑射技能的基础。大理国时期,马匹牧养区域几乎遍及整个国境内。周去非《岭外代答》卷九亦称:"南方诸蛮马,皆出大理国。"⑤ 范成大《桂海虞衡志·志兽》:"蛮马出西南诸藩。大理,古南诏也,地连西戎,马生尤藩。大

---

① 李石. 续博物志 [M]. 成都:巴蜀书社,1991:55.
② 樊绰. 蛮书 [M]//南诏大理历史文化丛书:第1辑. 大理:大理白族自治州文化局,1998:12.
③ 范成大. 桂海虞衡志辑佚校注 [M]. 成都:四川民族出版社,1986:124.
④ 周去非. 岭外代答校注 [M]. 北京:中华书局,1999:66.
⑤ 周去非. 岭外代答校注 [M]. 北京:中华书局,1999:84-67.

理马为西南藩之最。"① 由此可知,南诏大理国是"大理马"养殖聚集地,在西南诸藩中属于最佳品种。大理国时期的马匹牧养方式和南诏一样,包括野放和槽养两种。其牧养方法,李石《续博物志》卷四记载:"马出越巂之西,若羔,细莎縻之,粉米饮之,七岁可御,日驰数百里。"② 说明当时大理马的饲养已经较为精细。

《马可·波罗行纪》复称:"尚应知者,其人骑马用长骑之法,与法兰西人相同。"③大理国一带的大理马躯大而美,品质上乘,可日行四百里,往返万里。在驭骑方面,士兵用长骑之法进行训练。南诏大理国的将士为了便于驾驭身材高大的大理马,发明一种抽马尾筋的驯养技术,进行训练。同时,考虑到云贵高原多山的特点,马匹历险登危的训练得到了重视,檀萃认为:"有夷人攻驹,縻驹崖下,置母崖颠,久之,驹恋其母,纵驹冲崖,奔上就母,其教之下崖亦然。胆力既坚,则涉峻奔泉,如履平地,夫内地之马,撒蹄而驰,于平原广地便;滇马敛蹄,于历险登危便。"④ 周去非也认为:"惟地愈西北,则马愈良。南马狂逸奔突,难于驾驭,军中谓之拼命抬。一再驰逐,则流汗被体,不如北马之耐。"⑤大理马多数是被送入军中成为战马,从小进行登高、遇阻、攀爬等军事技能训练,耐力和爆发力优于其他马种。可见,从马匹的牧养到驯驭南诏大理国时期已经有了一套完整的方法,导致大理马因身形健硕、饲养精良、驯养科学,因而在当时远近驰名,周边部落争相购买。

因此,尽管大理马的交易价格高昂,但其交易量却大得惊人。史料记载,宋朝大理市马,北宋时官定黎州马额 400 匹,"其他如戎、泸等州岁与蛮人为市",总额不在 5000 匹以下。至于南宋,川司五州军即黎州、南平军、叙州、长宁军、珍州每年买马五千余匹,而邕州最高时也在四五千匹左右,总额当在万匹以上。

综上所述,在古代战争中,马具有较高的军事价值,马能给军队提供极强的机动能力,可以疾驰、速退、偷袭。因南诏大理国地区为战争频发之地,且地处边疆,故此娴熟的骑术技巧显得尤为重要,南诏大理国以"骑射练兵"作为守关戍边官兵的主要技能。史书载:"四十外跑马击柱、射中靶子为一次上,盘枪百转无失为一次上,能算能书为一次上。"⑥骑兵在考试中,需经历五次考核才得

---

①范成大. 桂海虞衡志 [M]. 成都:四川民族出版社,1986:124.
②李石. 续博物志 [M]. 成都:巴蜀书社,1991:55.
③马可·波罗. 马可·波罗行纪 [M]. 上海:上海书店出版社,2021:42.
④檀萃. 滇海虞衡志 [M]. 昆明:云南人民出版社,1990 年.
⑤周去非. 岭外代答校注 [M]. 北京:中华书局,1999:67.
⑥何耀华. 云南通史:第 3 卷 [M]. 北京:中国社会科学出版社,2011:95.

以通过，不论是乡兵还是常备军，甚至部落兵均如此。

由上可以看出，由于战争的原因，南诏大理国时期军队中都具有悠久的骑术历史，骑射训练对南诏大理国将领和士兵来说是一项至关重要的技能。

三、射术

南诏大理国处于冷兵器时代，箭、弓、弩（图2-2）成为战争利器。当时最为重要的军事技能当属射术，射弩和射箭尤为重要。为提高战斗力，南诏统治者都要求士兵射艺出众，每年兵丁农闲时都要"练射"，这是备战的主要练习项目。据古籍《西南志》记载："日月练武功，弓箭闪光芒，冬也着轻装，夏也须裹扎；举步眼明亮，勇士善骑射，如青松兴旺，名声更无扬。"[1] 南诏大理国时期的射箭技术训练主要以骑射为主。除此之外，在人数上占多数的步兵中有专事射箭的步射，还要求会马射、步射、平射、筒射、弩射等。

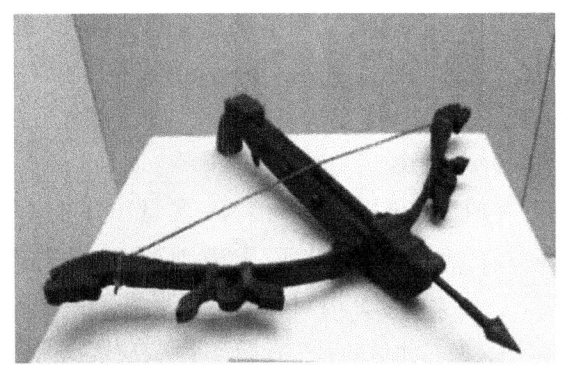

图2-2 南诏大理国时期的弩机

南诏大理国早期的箭、弓、弩其制作材料非常的简单，大多是由特殊的竹子制作而成。据《云南志校释》记载："枪、箭多用斑竹，出蒙舍、白崖南山谷，心实，圆紧，柔细，极力屈之不折，诸所出皆不及之。"[2]《酉阳杂俎》卷十八云："筋竹，南方以为矛，笋未成竹时，甚为弩弦。"[3]《御览》卷九六二引《云南志》云："云南有实心竹，文采班竹殊好，可为器物，其土以为枪干交床。"[4]

---

[1] 王运权. 西南彝志 [M]. 贵阳：贵州民族出版社，2008：29.
[2] 樊绰. 蛮书 [M]//南诏大理历史文化丛书：第1辑. 大理：大理白族自治州文化局，1998：46-47.
[3] 段成式. 酉阳杂俎 [M]. 北京：商务印书馆，民国二十五年（1936）：153.
[4] 樊绰. 蛮书 [M]//南诏大理历史文化丛书：第1辑. 大理：大理白族自治州文化局，1998：56-57.

又卷九六三引《竹谱》云："筋竹长二丈许，围数尺，至坚利，出日南、九真。南方以为矛。其笋未成竹时堪为弩弦。"① 由此可知，在当时的南诏大理国，竹子制作而成的箭、弓、弩等成为该地区重要的兵器。

《汉书·晁错转》云："平陵相远，川谷居间，仰高临下，此弓弩之地也，短兵不当一。"② 可以看出弩在南诏大理国时期的战争运用之广，作用之大，由于射程比较远，可对敌进行远程攻击，这就在一定程度上保护了士兵的安全。弩的杀伤力是极大的，还可以用于齐发，弩的射速非常快，这样杀伤力会更大。弩可以掌控方向，方便士兵的使用，在战场上是一种非常好的远射兵器。弩的前身就是在弓箭上找到灵感制作而成，但是比弓箭更加好用。它的射程比较远，而且可以有时间进行瞄准，大大增加了射击的准确性。在南诏大理国有不少此类兵器，在进行远距离作战时使用。

弩作为一种武器，在作战时发挥着不可替代的作用，一般情况下都是步兵先进行射击，然后再进行冲锋。弩的形状就像弓一样，但是它需要横着射击，主要是由弩批、弩床、弩弦组成的，需要托举着扣动扳机，箭便会瞬间顺着箭槽快速地飞出。在史料《汉书·地理志》记载过汉代河内的手工业非常发达，而且河内工官的弩机制造比较多③。弩的应用大大增加了战争中取胜的概率，可以在战场上取得了先机，能够制造更大的杀伤力。所以弩成为南诏大理国士兵打仗较为方便实用的射击武器，也是战争中最主要的兵器之一。

四、象术

南诏大理国统治者曾巧妙地借助大象力大无穷的优势，将其大象作为战争武器并能成为杀敌利器。

在史料中关于南诏大理国象种的记载颇多。在《南诏野史》中，有"化俗设教，会时立规，感其虔笃信之情，遂现神通之力，则知降梵释之形状，示象马之珍奇，铁杖则执于拳中，金镜而开于掌上"和"白象上出化云中有侍童手把方金镜"④。象的出现，应该有其特殊的寓意。在佛教中，象是释迦牟尼佛的表征，佛传故事中有乘象入胎的传说。《梵像卷》中除了"八臂观音"外，象与王

---

① 李衎. 竹谱济南 [M]. 济南：山东画报出版社，2018：9.
② 班固. 汉书 [M]. 太原：三晋出版社，2008：28.
③ 谭其骧.《汉书·地理志》选择 [C]//中国古代地理名著选读：第1辑. 北京：科学出版社，1959.
④ 倪格. 南诏野史会证 [M]. 昆明：云南人民出版社，1990：244.

者相伴。整幅画卷的中心"南无释迦牟尼佛会"①中象和执炉焚香王者共同侍奉释迦牟尼佛，显示了象的尊贵与王者的渊源。

南诏大理国王室和军队中曾有象队，"象，开南以南多有之，或捕得，人家多养之，以代耕田也"②，发生战争时，南诏大理国统治者连人带象一起征用。将象用于生产、生活和军事活动是中国古代体育的特殊现象，这是由南诏独特的地理、气候所决定的。

象术在古代的冷兵器战争中具有很大的优势，特别是经过严格训练出来的战象，虽然体态笨重，但聪明智慧，威猛善战，上山如履平地，水陆行走自如，性格坚毅刚强，战斗勇往直前，绝不畏缩不前。巨大的象鼻力大无穷，锋利的象牙胜过利剑。在古战场上纵横驰骋，所向披靡，披荆斩棘，除障碍，破城垣，列阵冲锋，声势之大，使战象成为南诏大理国军队的秘密撒手锏。黄聪在《中国古代北方民族体育史考》一文中详细记载了象战的威力有三：一是冲，冲散敌阵，践踏敌骑，战象可以凭借硕大的身躯撞碎敌营，甚至可以撞开城门；二是坐，可以让士兵坐骑；三是卷，用大象的鼻子将敌人卷起，掼死或夹死③。可见，大象征战气势磅礴，能鼓舞士气，在战斗中作用不容小觑。象战的阵法优势显而易见，"鸟铳当前牌，次之枪，又次之象。象乃突出，中华人马未经习练者，见象比惊怖辟易，彼得趁其乱也。"大象就像现代战争中的坦克，带着步兵进攻。战前把战象埋伏起来，等到敌我厮杀之际，战象突如其来，发挥其冲的威力，踩踏敌军，从而打乱敌方阵脚，骑兵再从敌人的战线后面发起袭击，如此步兵在前、战象垫后的布阵能轻松获胜，这套战术是克敌制胜的法宝。因此，象术在南诏大理国时期的战争中具有巨大的优势。

关于南诏大理国时代大象作战的记载，史书不绝。根据《明史云南南诏大理国传》记载："南诏大理国役象，除用以进贡外，主要驯以作战，每出兵，常以象阵对敌……洱海东部，皆僰种，性纯朴，习弩射，以象战。"④由于大象勇猛强悍，在战场上拥有强劲的进攻实力，拼搏在疆场的象队，能助勇士冲锋陷阵，为此立下赫赫战功。

象阵布阵讲究：战象在前，以此来掩护手持盾牌、刀枪、鸟铳的步骑兵，战

---

①张胜温. 张胜温画梵像卷 [M]. 天津：天津人民美术出版社, 2001：67-68.
②木芹. 云南志补注 [M]. 昆明：云南人民出版社, 1995：22.
③黄聪. 中国古代北方民族体育史考 [M]. 北京：人民出版社, 2010：30.
④张廷玉. 明史 [M]. 北京：中华书局, 2015：78.

时充分发挥其冲撞无敌的优势,以战象撞开敌营的大门,再以步、骑兵消灭其有生力量。因此,南诏大理国士兵的骁勇善战和战象的所向披靡,使象军成为古时南诏大理国士兵心中的战神。据南诏大理国时期关于象战的记载,象术是南诏大理国独特的作战技能,养象、驯象、驭象成为南诏大理国统治者颇为关注的军政大事。

从象术运动产生的自然环境来说,南诏大理国地区虽地理位置偏僻,地形地貌错综复杂,但是在独特的生态圈中,形成典型的亚热带气候,植被茂盛,物种丰富,水源富足,生态环境呈多样性,正是这样特殊的自然环境提供了大象栖息、繁衍的生存环境。大象在南诏大理国地区被充分运用于军事战争中,象术成为南诏大理国时期的战争中必不可缺少的军事技能。毋庸置疑,象术产生发展与南诏大理国地区的地域特征有着密切的关联。象术运动萌发于南诏大理国军事战争,但最终随南诏大理国政权的倒塌而消逝。

综上所述,南诏大理国军事制度体现了南诏大理国体育文化结构中的行为文化层。南诏大理国体育活动中的习惯性行为,具体指南诏大理国统治者及其统治下不同社会阶层在社会生活实践中所进行的体育行为模式,包括南诏大理国体育运动的组织形式、技术技能以及进行体育训练的方法。南诏大理国军事体育发展得出成熟的项目,究其原因就是因为南诏大理国统治者迫于政治需求及军事压力制定了规范的兵事制度,形成基本的南诏大理国军事体育行为模式,南诏大理国对招兵形式、练兵之法、管兵体制及军事体育的训练内容、条例法典、组织形式等都有详细的规定。南诏大理国军事体育中表现出的行为文化,一方面构成南诏大理国体育的固定体育模式,另一方面又形成一种体育民俗制度。因此,完善的军事制度与体育文化深度融合,形成了南诏大理国军事体育,并凸显其一枝独秀的优势。

第二节　南诏大理国节庆体育

南诏大理国居住着民风淳朴的白族居民,每逢白族节庆日,各村寨的白族群众就会自发以村为单位从四面八方赶来庆贺,比如三月街、耍海会、绕三灵、蝴蝶会、栽秧会、渔潭会都是南诏大理国时期白族群众喜爱的盛大民族节日。白族群众在节庆日聚集在一起举行打霸王鞭、赛龙舟、赛马等节庆体育。

一、霸王鞭

(一) 大理白族霸王鞭的起源

南诏大理国每逢喜庆之事，必打霸王鞭庆贺，霸王鞭是深受白族人民喜爱且擅长的节庆体育项目。传说在南诏国时期，细奴逻被当地的群众推举为打猎将军。有一天，细奴逻打猎来到了现在的大理苍山洱海，遇到三公主，两人私订终身并且结为了夫妻。结婚时洱河蛮白王赠予女儿嫁妆，有摇钱树和聚宝盆以及其他宝物，还命令部下持霸王鞭又称普军鼓护送女儿出嫁，沿路排成的队列作舞以壮气势。因此，霸王鞭从开始到结束始终以金钱鼓为指挥并贯穿全过程，这就是霸王鞭和金钱鼓的起源。还有传说段忠榜即大理国国王段思平之曾祖，生前位居南诏大理国大将军，其人为官清廉、体恤百姓，因此那时国泰民安、畜牧兴旺，而在段忠榜去世后，百姓都为他送葬，白族居民也会以八角鼓作为托盘来放他的祭品。从此之后，每逢祭日，各村寨的白族群众就会自发以村为单位从四面八方赶来奠祭。经过多年以后，人们就会跟赶庙会一样缅怀这位仁君，人们用歌舞表达自己对他的尊敬，用自己的虔诚代替了悲伤的情绪。现在的霸王鞭就是原来的柞丧棒，金钱鼓就是原来的托盘，双飞燕就是原来的四块棺钉，白族先民将打霸王鞭世世代代传承下来。南诏大理国时期的这项活动具有祈福的意义。

(二) 霸王鞭的运动形式

1. 双人形式

打霸王鞭是大理白族最具代表性和流行最广的体育项目，是在传统节日三月街节庆期间的主要娱乐活动，也是居民日常生活中如建房、嫁娶或佳节中不可或缺的文化娱乐活动、健身娱乐活动。

霸王鞭是用长约1米、直径3厘米的竹子做成，在竹节处等距离开孔（9个长方形小孔），在所开孔中串上铜钱，两头装饰花穗，抖动鞭体，发出"刷刷"声响，舞者右手持鞭，左手拍、拨鞭的两端，身随鞭移，用霸王鞭打、擦、碰、击地面、脚心、手掌，以及髋、膝、肩、肘等身体的主要关节。双肩前后摆动，左右扭腰送髋，双脚随拍节上下跳动，形成各式各样的舞姿和动作。随着舞步的起落，在音乐的伴奏下，霸王鞭发出有节奏的清脆、悦耳的响声。动作连贯自如、刚毅矫健，形成独特的风格。打时霸王鞭击打身体的主要关节发出的响声和由此引动上身的拧、摆和小腿的变化和双脚的跳动,形成各式各样的舞姿和动作。打霸王鞭的花样有"二龙抢宝""双凤朝阳""金鸡啄架""五朵梅花"等;步法有跳、跑、转身、下蹲、前进、后退、侧身、停留等;手法有擦、撩、抽、敲、击、碰、拖、靠、夹、拨、刷、托、扣等;打法有一条龙、滚地龙、过街龙、破四门、玉背花、双面花、背靠背、脚钗脚等。加之金银鼓、八角鼓、双飞燕的画龙点睛,给人以刚与柔、健与美的享受。

2. 集体形式

打霸王鞭是多人相互对击,各地还有一些固定的套路。参加人数不限,少则数人,多则成百上千人,场面整齐壮观。

集体霸王鞭运动进行时,队员们有时背靠背,有时脚勾脚,一会儿成圆圈型,一会儿呈花型,一会儿呈方型等,这些竞技动作和多种不同的队形,随着跳动的步伐,霸王鞭的敲打会发出有节奏悦耳的响声。打霸王鞭运动量很大,其中有跳跃、蹲、转体和其他技术动作,应运的道具也被民间艺术家认为具有象征某种意义,如四个矩形孔象征四季,铜币嵌入到孔的数量分别代表 12 个月或 24 个节气。女子手持霸王鞭,男子手拿金钱鼓,两人一组对舞,以霸王鞭杵地再用脚踢,加上敲打身体部位可以发出悦耳的声音,金钱鼓用手、肩拍出"嘭嘭"的响声,双方一会儿背靠背,一会儿脚勾脚,节奏非常鲜明,节拍由慢到快,有较强的感染力,可以反映出白族人民勤劳勇敢、纯朴善良、团结进取的精神。霸王鞭舞常与八角鼓舞以及双飞燕舞相配合,组成各种舞蹈动作,并打出多种队形图案。女子持霸王鞭中端,男子手捏金钱鼓的一角对舞,舞蹈中霸王鞭通过杵地脚踢的敲击,以及擦身某些部位发出响声,金钱鼓在舞中以掌、肩击鼓、发出"嘭嘭"声响。双方仰俯屈伸,节奏鲜明而欢快,节拍由慢渐快,形成高潮,具有强烈的感染力。

(三)霸王鞭的特征

在音乐的配合下身穿红色盛装的白族金花们打起了霸王鞭,六十多人的阵势,队形样式较多,动作栩栩如生、整齐划一、铿锵有力、节奏感欢快、敲击声清脆,增添了节日的欢乐气氛,以民族性、多样性、集体性呈现给观众,展示了大理白族人民的勤劳勇敢、自强不息、团结进取的精神。霸王鞭打法形式多样、节奏鲜明、热情欢快,给人以刚与柔、健与美的享受,形成了一道亮丽的风景线,浓厚的感染力深受广大白族人民的喜爱。

霸王鞭具有民族性，大理白族对本主崇拜是传统信仰的重要组成部分，通过对本主神灵的祈福和祭拜，祈求来年风调雨顺、五谷丰登。在百姓日常生活中，也有对先祖的祭拜表达对天地自然力的敬畏，这些体现出中华民族的传统文化，其中夹杂着宗教仪式的影子，霸王鞭则是各种仪式活动重要表演的项目，展示了白族人民对美好生活的期盼。

霸王鞭具有观赏性，霸王鞭项目与表演、运动、娱乐和欣赏是分不开的，同时也是白族传统体育长期传播和传承的重要内容。霸王鞭以形式的多样性和丰富的内涵给表演带来鲜明的特色。打霸王鞭要与乐器伴奏和歌曲相结合，表演者用成套固定的动作再加上绚丽多彩的白族服饰，构成了一道亮丽的风景线，给观众以强烈的震撼和美感，具有很强的观赏性。

霸王鞭具有集体性，霸王鞭是一项需要集体协作的体育项目，集体打霸王鞭能汇聚出综合效果，要想跳得好，就需要演奏者把他们的动作配合得恰到好处，从而呈现出整体的效果。表演者和观众能够从中不断地吸取白族传统的文化，在集体活动中感受到团结的力量从而在集体表演中体会传统体育带来的欢乐。

（四）节庆活动的霸王鞭

1. 三月街的霸王鞭

公元7世纪以前，南诏各部落普遍信奉巫鬼教，这是一种在小范围内的宗教信仰。白族本主崇拜遗风至今尚存。南诏大理国时期已有了本主崇拜，它融自然崇拜与英雄崇拜为一体，最终演进成为包含传统体育项目的白族宗教庆典活动。三月街又名"观音市"，且历史悠久，是繁荣的集市贸易，也是南诏大理国白族盛大的传统节日，有"千年赶一街，一街赶千年"之说。三月街赛马大会中的霸王鞭场面非常的壮观。

在三月街期间几乎在各个村寨都能看到男女老少在尽情地打霸王鞭，充满着喜庆欢乐的气氛。霸王鞭为活跃白族百姓的文化生活，促进地区经济和文化的发展发挥了不可低估的作用。

2. 绕三灵的霸王鞭

"三灵"是指三个佛寺，即"佛都"（崇圣寺）、"神都"（圣源寺）、"仙都"（金奎寺）。绕三灵就是绕行这三个佛寺。绕三灵是大理地区白族人民流传已久的一个仪式性节日。由祈雨活动演变而来，是大理白族的传统盛会。其内容涵盖了节日文化、体育运动、民族历史、风俗宗教等。它是一种具有传承性和自发性的民间文化形态，被列入中国首批国家级《非物质文化遗产名录》，并被中国文化部列入世界非物质文化遗产申报名单。相传，过去大理因干旱无雨而无法栽秧，以水稻农耕为主的白族群众，在水稻栽种之前，必先要向神灵祈求五谷丰登。此外这一活动的由来还有不同的传说。一种说法是，过去白王失去了王子，百姓绕着洱海寻找太子，后来就发展为绕三灵；另一种说法是，爱民皇帝生前施行仁政，他死后百姓都来奔葬，以示哀悼，后来就形成绕三灵这种固定的集会，手中所持的树枝便是当时的丧杖演变而来。还有一种较为普遍的说法是，各村村民代表本主朝拜三灵祖先，为祈求丰年而举行的一种仪式。

少数民族体育最能体现少数民族群众的生命意识，是来自生存的欲望，是对生命的敬重，身体是人类表达自己的情感与意识最便捷的媒介，绕三灵中的霸王鞭是绕三灵中民族体育形式的典型代表。

绕三灵始于南诏，群众基础深厚，规模壮大，有白族学者用诗歌记录了它的历史："淡抹浓妆分外艳，游行手持霸王鞭；咚咚更有金钱鼓，且舞且歌为飘然。欣逢四月最清和，簇簇游人此日多；唐王朝遗风今尚在，诸君莫笑是夷歌。红男绿女喜春游，山麓海滨绕一周；廿四已过人影散，归家返道事田畴。"绕三灵是白族人民的文化认同，是凝聚力的表现，是白族文化标志性的象征。在绕三灵期间，白族人民身穿盛装，成群结队，充满激情，从四面八方赶来参与，希望通过参与祭拜，祈求保佑合家平安。

绕三灵的队伍主要有以下三个部分构成：第一部分是两位老人手持柳树条和牛尾，为一男一女，有时也为两男或两女，两位老人称"花柳树老人"；第二部分是由吹笛、吹唢呐，还有手执新王鞭、金钱鼓的男女舞者数十人组成；第三部分是手持霸王鞭、八角鼓、双飞燕，吹树叶和数十位亦歌亦舞、手执扇子、草帽的妇女组成，排成一字长蛇阵（图 2-3）。

绕三灵活动共进行三天，形成了固定的模式：第一天，在花柳树老人的带领下，于农历四月二十三早晨，聚集到大理古城城隍庙，点燃香烛，准备行装。接着整个队伍沿着山麓向北，先到佛都崇圣寺燃香祭拜；继而再北行约 16 公里，到达苍山五台峰下的朝阳村本主庙祭拜"抚民皇帝"本主，称为"南朝"（拜），再往北到庆洞村，祭拜佛教寺庙圣源寺以及被称为"神都"的庆洞"本主"庙，称为"北朝"（拜）。第二天，四月二十四，在寺院内外场地，打"霸王鞭"和跳"金钱鼓"，跳扇子舞、唱白族调子，傍晚在神都周围埋锅造饭，当晚即夜宿庆洞庙宇和四周野地树林中。第三天，四月二十五，祭灵的队伍陆续从庆洞出发,向东北行进,中途绕拜喜洲古镇的"本主"九坛神,在四方街短暂休息、对歌后,一路歌舞走出古镇,向东到达洱海边的河涘江村的"仙都"洱河神桐,祭拜象征洱海之神的"斩蟒英雄"段赤诚本主,村里的洞经音乐社在古戏台上演"洞经",欢迎"绕三灵"队伍的到来。在此期间人们载歌载舞,通宵达旦,尽情地欢乐,热闹非凡,大家唱着白族调子打起霸王鞭,欢快的节奏,渲染了节日氛围,结合他们独具特色的装扮,充分地折射出了白族人民浓厚的文化内涵。

节日里,村村寨寨的男女老幼都成群结队去绕三灵,村民们狂歌曼舞,绕三灵舞的主体由霸王鞭和金钱鼓对舞组成,使绕三灵形成热烈、欢快的气氛。南诏大理国是原始崇拜向英雄崇拜的过渡时期,到了现代,作为其表现形式之一的绕三灵保留了下来,白族传统体育的霸王鞭始终融于其中,并沿传至今。

图2-3 喜洲绕三灵仪式

3. 蝴蝶会的霸王鞭

蝴蝶会是大理白族人民的传统节日盛会,也是人们为了纪念一个流传民间爱情故事。节日期间是大理苍山下蝴蝶泉边出现蝴蝶最多的时间。科学依据证明,蝴蝶泉的蝴蝶相聚是自然界生物相交的一种自然现象,会出现非常奇特的场景。

蝴蝶会来自一个爱情故事传说,相传在很多年前一对相爱的恋人,遭到了地主的阻挠,被逼无奈双双跳潭,之后便化为一对漂亮的彩蝶,从此之后就会有很多漂亮的蝴蝶在这里相聚,又名蝴蝶会。蝴蝶泉的泉水清澈透底,不时有气泡冒出,大理石上写着蝴蝶泉几个字。在蝴蝶会期间蝴蝶泉人山人海,白族人民在泉池边,两两相对,打起霸王鞭,同时也有演奏曲目和观看彩蝶等活动。在表演过程中,身穿盛装的队员分别从两边入场,在音乐的伴随下,打起了霸王鞭,表演者手持霸王鞭的末端,4人一组,前后呼应,动作由慢而快。用霸王鞭击打双肩、腰部、双腿发出击打的悦耳响声,节奏鲜明,动感有力。在半蹲时,以脚踢霸王鞭底部,以换手持霸王鞭的动作结束表演。使蝴蝶会气氛热烈、欢乐。

4. 栽秧会的霸王鞭

栽秧会又名插秧节、田家乐,是大理喜洲一年一度的喜庆活动,也是白族传统的民间盛会,起源于东汉,是为了祈求收成丰裕,有着独特的民族韵味。南诏大理国白族传统的插秧盛会寄托了人民群众对丰收的期望,使人们在热闹的气氛中忘却了繁忙的劳作。插秧会在每年的五月至六月份举行,是白族人民的狂欢节日。

在开秧门开始的时候,表演者会在古戏台上吹起大本曲,白族的"金花"和"阿鹏哥"在欢乐的气氛中打起霸王鞭和八角鼓,其乐融融,每个人的脸上都洋溢着笑容,沉浸在欢乐的节日氛围中。在祈福时,主要有点蜡烛、上高香、放供品、敲锣打鼓、唱歌跳舞、诵经、耍龙、放鞭炮等仪式,其中最神圣的标志物就是秧旗,旗杆上有很绚丽的装饰,寓意着国泰民安。整个节日内容丰富多彩,在浓厚的气氛中体现了大理人民对生活的热爱。他们用本民族特有的文化和特有的方式将生产劳作视为一种强身健体,视为一种娱乐,将劳作与娱乐相融合成为独特的传统节庆。

霸王鞭表演是插秧会的重要内容,在表演的过程中,身穿彩色白族服饰的"金花",手持竹做的霸王鞭,霸王鞭的首端和末端各有1个红色的毛绒球。表演时队员们摆好下蹲的姿势,手持霸王鞭的中后端,音乐响起,通过用脚踢霸王鞭的底部,开始了欢快有力的表演。霸王鞭打击身体的部位,发出响声,队员们一会儿脚勾脚,一会儿变换队形,一会儿下蹲与霸王鞭末端接触,上下晃动。音乐的节奏鲜明而欢快,节拍由慢至快,形成了较强的感染力。

二、龙舟竞渡

(一) 龙舟竞渡起源

南诏大理国境内有着众多的湖泊,而且境内的河流交错纵横,这些水域为当地居民提供了丰富的资源,使得南诏大理国的竞渡活动非常盛行,其蕴含的传统体育历史文化内涵亦非常丰富。《中国历代体育史话》载道:"龙舟竞渡,早在战国之前就有了,应是一种宗教性的娱乐活动,在急鼓声中划龙形的独木舟,做竞渡游戏,既娱神也乐人,是祭仪中半宗教性、半娱乐性的节日民俗活动。"①从古至今,龙舟竞渡的赛事组织各具特色,在南诏大理国时期,龙舟比赛规则、奖励都由当时的南诏统治者制定。白族在洱海划龙舟活动历史悠久,清代的施范在《滇系》中就记载有:"七月二十三日,西洱河滨有赛龙神之会。"② 数百年来,一直流传至今。传说古时候,洱海里有一条蟒蛇经常出没并伤害人畜,而且常常用身子堵住龙尾关附近的出水口,因海水淌不出去,造成洪水泛滥,淹没了沿岸的村庄和土地。白族一位勇士赤城奋勇入海为民除害,最后与蟒蛇同归于尽。为了纪念斩莽英雄赤城,白族人敬他为洱海龙王,每年举行耍海会赛龙舟纪念他。耍海会的龙船别具一格。船舷上画有黄龙、黑龙或青龙,船的首尾挂着用彩绸扎成的绣球花,船的四周插着各种彩旗,吊着响铃,稍有风吹,旗飘铃响,美观悦耳。每条船装有10对桨,每只桨由一对青年男女操纵,船头站着吹唢呐的,船尾站着敲芒锣的,中间有个总指挥。一声炮响,指挥者发出号令,船桨同时击向水面,顿时,唢呐声、芒锣声、号子声、击水声配合着桨的起落,一支支龙船向海心飞驰而去,第一个绕过标记折返转回岸边者,就是冠军,前三名给予奖励。

(二) 龙舟竞渡文化内涵

文化是一种能够传递信息和表达观念的象征体系,龙舟竞渡中的龙舟便是以中国的龙图腾为载体,是南诏大理国白族人民最原始的文化表达。龙舟竞渡活动至今已有上千年的历史,在其发展过程中,龙舟竞渡融合了南诏大理国时期的社会历史特点,逐渐形成了多元化的文化特点,成为一种具有独特文化魅力的民族体育活动。龙舟竞渡体现了南诏大理国居民的本土信仰。维克多特纳认为,象征是由象征符号和象征意义两种要素组合而成,仪式象征符号具有浓缩性、多义性、综合性和两极性。祭海仪式是南诏大理国最隆重的节日之一,南诏大理国居民大多临水而居,居民时常会准备祭品、香烛等进行祭海仪式,而祭海仪式中龙舟竞渡是必不可少的活动之一,龙神是南诏大理国居民心中的海上守护神,龙舟

---

①海默,尚论聪. 中国历代体育史 [M]. 北京:外文出版社,2010:182.
②王文成. 滇系 [M]. 北京:中国书籍出版社,2004:226.

成为南诏大理国居民信仰的载体,是传递人们精神诉求的途径。

(三) 节庆文化中的龙舟竞渡

1. 渔潭会的龙舟

在洱源县渔潭坡,每年农历八月十九日都要举行渔潭会,会上有赛龙舟、跑马、唱戏、对歌等活动。相传南诏大理国时期,洱海里有一条鱼妖常兴风作浪,令沿岸百姓痛苦不堪,有个渔民巧施妙计,用金桩把鱼妖钉在渔潭坡下。渔潭妖不甘失败,每到洪水季节,总想出来报复,人们便集会于此,举行各种活动,以压鱼妖的威风。史书载:"七月二十二日,西洱河滨有赛龙神会。至日则百里之中,大小游艇咸集于洱海神祠,灯烛星列、椒兰雾横、户视既毕,郡人无贵贱,贫富老幼,男女倾都出游,载酒肴笙歌扬帆竞渡,……亘十余里,禁鼓发后,跟跄争驱而归。"① 大理附近的白族八月二十五日要在洱海边赛龙舟。龙舟一般用大型的木船改装而成,在长约10米,宽约3米的风帆上,披红挂绿、张灯结彩。桅杆上扎有五颜六色的"连升三级"的大斗,并拴上铜锣,尾舵上竖有松枝,船舷上画着叱咤风云的黄龙和黑龙,中间镶嵌一面圆"宝镜"。随着一声号令,各村寨的龙舟竞发,人们唱着赛舟调,许愿祈福。

2. 耍海会中的龙舟

耍海会历史悠久,又名"捞尸会",是每年大理白族人民传统的耍海盛会。龙舟作为盛会活动期间的一部分,体现着白族的历史变迁。相传为了纪念斩蟒英雄赤城而举行的龙舟竞赛。在盛会期间,人们通过对唱、龙舟比赛等活动,身穿盛装以村为单位或者成群结队而行,在一起尽情欢乐。在此同时赛龙舟活动也在进行,赛前每个村寨都要对龙船进行一个装扮,使得龙船绚丽多彩,更加美观,如画彩、挂彩、插旗等。在比赛时,竞渡者要跟最前面的指挥者的口号,动作协调一致,整齐划一,进行快速的行驶。率先绕过洱海中心标记的龙船再划到起点,则为第一名。而观众则在人群的集中地为参赛的龙舟队加油呐喊,使节日的氛围更加热闹,成为南诏大理国白族群众非常喜欢节庆活动(图2-4)。

---

①明太祖. 明太祖实录 [M]. 上海:上海书店出版社,1982:667.

图 2-4　白族洱海划龙舟图

三、赛马

赛马在南诏大理国白族地区十分盛行，白族的赛马活动已有一千多年历史。唐代佛教传入南诏之后，每年农历三月在点苍山脚下举行观音庙会。马贩子为扩大贸易，便在这里搞骑马比赛，显示大理马身高健壮、跑得快、跑得久。这样赛马就成为三月街的一项重要活动内容。每年会期，四面八方的白族群众牵着马，穿着节日盛装，纷纷前来参加赛马。因此，赛马活动贯穿于南诏大理国时期的白族节庆中并发展传承至今。

第三节　南诏大理国礼教体育

古代封建王朝推崇以儒学为治理少数民族地区的基本思想，其目的是加强封建中央王朝对各族土司政治、思想、文化上的管理与控制，同时推崇儒家大统一思想，为统治者提供合理的政治统治基础，希望达到改变少数民族边疆地区"类皆蛮夷，不知礼仪"的目的。南诏大理国统治集团也强制王室弟子入学习礼，又以儒家"六艺"为办学之本。礼、乐、射、御、书、数为六艺教育的核心内容，其中射箭、驾车就属于体育技能，是孔子进行体育教育的重要内容，它受限于礼，而又以独特的体育教育方式存在于孔子儒教之中。南诏大理国时期，在教化中以儒学为主，也就此产生了礼教体育。统治者积极在南诏大理国王室弟子中推行儒学教化所倡导的礼射、投壶等体育项目，为南诏大理国继承人接受儒学礼教教育创造条件。

一、礼射

"射者,男子之事也,因而饰之以礼乐"①,礼射是从射箭运动发展而来,以礼乐配之,强调必须带有礼仪性质。故将其命名为礼射,但其始终是以射箭为主要形式的活动。

礼射必须遵从森严的等级制度和烦琐的礼节仪式,需要参与者拥有较强的身体素质与足够的力量,可以拉开强劲的弓,并经过一定的射箭训练,掌握必要的射箭技术才可以射中箭靶。礼射除了对参与者有礼仪的要求外,对场地也有要求,《礼记》中记载,"先习射于泽而后射于射宫""诸侯岁献,贡士于天子,天子试之于射宫""孔子射于矍相之圃,盖观者如堵墙"②。据以上史料,《礼记》中记载的礼射举行场地有泽、射宫和圃三处。对礼射举办的时间也有严格要求,祭祀前、诸侯来朝向天子述职时,都要举行礼射,"天子将祭,……射中者得与于祭,不中者不得与于祭""是故古者,天子之制,诸侯岁献,贡士于天子,天子试之于射宫"③。以上记载都证明了礼射对于参与人员、场地、时间和场合的要求,进一步说明了礼射是一种非日常性的,具有强烈仪式性质的礼仪活动。

周朝时,实施分封制度,天子将天下分封予诸侯,诸侯对所拥有的土地有着绝对的控制权,天子仅对其所直属的土地拥有控制权,天子为彰显其权势和威仪需要通过礼制来约束。根据《礼记·射义第四十六》中的记载,礼射主要分为四种:大射、乡射、宾射、燕射。大射是诸侯之射,大射之前必行燕礼,燕礼是臣子朝拜周天子的礼仪。行燕礼时,诸侯跪拜,天子接受诸侯朝拜以表明诸侯与天子的君臣之别,彰显天子地位之高。进行礼射时,天子与诸侯、卿大夫、士阶层使用不同级别的箭靶,奏不同的音乐,以区别身份,彰显地位的差别。乡射是卿、大夫、士之射,乡射前要进行乡饮酒之礼,乡饮酒之礼与燕射同样有区别身份、显示尊卑地位的意义。由此可见古代礼射活动主要目的是为了凸显阶级地位与尊卑的体育活动。

礼射运动带有礼仪性质与区分阶级地位的性质。因此,在南诏国文化教育中

---

① 孙天尧. 射艺 [M]. 长春:东北师范大学出版社,2019:165.
② 戴德,戴圣. 礼记 [M]. 南京:南京大学出版社,2014:182.
③ 戴德,戴圣. 礼记 [M]. 南京:南京大学出版社,2014:68.

受到重视。凡国内重大活动时，统治者都会进行礼射活动，借用礼射等级，区分地位尊卑，彰显统治者的尊贵地位。礼射活动在南诏大理国王室和贵族之间的广泛流传，也表明南诏贵族在教化过程中，已经带有明显的体育特征。

当时王室十分重视对继承人及王子进行传统文化的教育。中原的儒学教化对南诏大理国有深远的影响，据文献史料记载："威成王化外一土酋也，以父兴宗入贡于唐，故知中华礼乐教化，尊祀孔子，爰尊父命而建文庙。自是以来，华夷一统而际文明，圣人德配天地，道贯古今，流于六合之中，洽于九夷之外。"①《南诏德化碑》上就有阁罗凤"不读非圣之书""阐三教，宾四门"②的记载。三教之一指的就是儒教。由此看出，当时南诏大理国的王室以及朝廷权贵对儒家文化的重视。文武兼备是儒家思想的主张，其目的在于提升人们的道德修养，成为君子，像圣人一样为人处世。武则倡导武德、匡扶正义、捍卫国家安全。儒学中的六艺，即礼、乐、射、御、书、数，据《礼记》记载，礼射是儒家之礼，极为庄重，故称为"礼射"。在这样的历史文化背景下，南诏大理国王室引入并开展儒教的礼射活动，并成为道德品质教化的重要内容。

二、投壶

礼射具有森严的等级制度和烦琐的仪式，具有区别身份、彰显尊卑地位、表明阶级的功能。战国时期，随着周王室权力的日渐衰微，诸侯的权力不再受到周天子挟制，诸侯王的权威逐渐赶上甚至超越周天子，诸侯王在礼仪活动时，不再遵守原有约定，私自变更自己出场的背景音乐，混乱的出场礼乐已经不再能起到宣明等级、凸显地位尊卑的功能。由此，"礼崩乐坏"的时代出现了。到汉朝以后，加强推行郡县制的中央集权，经历汉文帝与汉武帝两次"推恩令"。诸侯权力开始削弱，诸侯的地位已经无法与皇帝相提并论，礼射逐渐被投壶所取代。

根据《菽园杂记》记载："投壶，射礼之变也，虽主乐宾，而观之意在焉。"③ 由此可见，投壶是从礼射演变而来的一项具备道德教化、观人心性的运动。据《西京杂记》记载："武帝时，郭舍人善投壶，以竹为矢，不用荆也。"④ 司马迁

---

① 尤中. 尤中文集：第4卷 [M]. 云南大学出版社，2009：282-299.
② 黎光远. 南诏德化碑 [J]. 边疆文学，1999（11）：53-54.
③ 陆蓉. 菽园杂记 [M]. 北京：中华书局，1997：51.
④ 刘歆. 西京杂记 [M]. 上海：上海古籍出版社，2012：156

的《史记》中记载:"……男女杂坐,行酒稽留,六博投壶,相引为曹……"①,证明到了汉朝,投壶已经在朝堂中与贵族间流行起来。投壶与礼射有着截然不同的功能,礼射具有宣明等级,彰显地位尊卑的作用,有较强的政治色彩。而投壶只作为宣传道德教化的工具,表明与身份地位已经没有明显的关系了。根据《投壶新格》中记载"投壶可以治心,可以修身,可以为国,可以观人"②。相较于礼射烦琐的仪式,投壶是一种较为简化的活动,且更加具备竞技性与娱乐性,是古代士大夫宴饮时的一种投掷游戏。不仅继承了礼射的仪节,还继承了礼射修身的礼义,正如《礼记·投壶第四十》中记载,投壶前要"三请三辞",以显示主宾之分,谦让之礼,是修身礼仪的体现。《东观汉记》记载,"……遵为将军,取士皆用术,对酒设乐,必雅歌投壶"③,说明到了汉朝投壶已经是一种既受到宫廷皇室热爱,又在贵族文人中长期流行的体育游戏。

南诏大理国时期投壶传统的礼仪活动,在投壶整个过程中伴随整套正规的礼节动作,活动过程有明显的礼教意义,可修身养性,可道德教化,可以观人心性,并具有健身的作用。为了培养南诏大理国子弟的贵族气质,提升其道德修养,观察其为人心性,南诏大理国统治者对其弟子进行文化教育时将古典雅致的投壶运动也列入学习的内容。投壶运动不仅在王世子弟与贵族之间流传,逐渐也传入平民阶层,南诏大理国民间将投壶的仪式再简化之后,进一步增加了投壶的娱乐性和竞技性。

南诏大理国的历史中出现了投壶这项体育游戏,其原因在于:其一,南诏大理国统治者认为投壶是一项雅致的娱乐,具有娱乐性与竞技性,具备道德教化的作用,符合他们的生活方式,乐于接受;其二,结合当时统治者推崇儒教制度,投壶从最初的礼仪演变成娱乐游戏,但它始终有一整套烦琐的礼节,没有完全割断同礼仪的联系,投壶前要进行的"三请三辞",可以提升人谦恭的礼仪,投壶运动具有修身养性并兼礼教的作用,是南诏大理国体育教化功能的依据所在。

第四节 南诏大理国娱乐体育

除了枯燥简单的劳作外,人们需要生活、需要娱乐,并在娱乐中进行交往,

---

① 司马迁. 史记 [M]. 北京:中华书局,1982.
② 司马光. 投壶新格 [M]. 济南:山东友谊出版社,2007:22.
③ 樊绰. 蛮书 [M]//南诏大理历史文化丛书:第1辑. 大理:大理白族自治州文化局,1998:63.

宣泄情感。南诏大理国统治者为了维持其统治地位，采取了诸多经济、农业措施来改善边疆民族地区的经济生活条件，使白族民众的生活质量得到改善。南诏大理国地区出现的稳定繁盛，促民众生活状态安逸，丰衣足食，并有了一定的自由支配时间，这就给各种娱乐活动的出现提供了条件，娱乐是人的一种本能需求，也是社会生活不可缺少的调剂。民众为了达到放松和娱乐目的，休闲民俗体育活动开始在南诏大理国地区蓬勃发展，成为南诏大理国统治者、群众消闲娱乐的重要方式。南诏大理国地区世居的白族遗存下来众多具有白族特色的民间传统体育，历史悠久，精彩纷呈。这些独特丰富的民族体育资源使平民百姓也能参与各具特色的民间体育活动中，如狩猎、打歌等。

一、狩猎

南诏大理国时期的狩猎活动，最初都是为生活、生产、战争所需，其目的为获得食物充饥，获得毛皮取暖。由于狩猎是危险的活动，野兽经常会伤人，狩猎者必须具有机智果敢的性格和勇猛无敌的力量。作为狩猎活动所使用的弩，在当时受到百姓广泛的喜爱，也是白族狩猎的工具之一。为了更加方便狩猎，猎人们开始改良弓箭，把制弩与射弩当成了一项爱好进而演变成一种传统习俗。狩猎活动不仅可以满足人们对祖先的祭祀，也丰富了物质生活，满足了娱乐的需求并且锻炼身体，培养了人们团结合作的精神和集体的意识，大大增强了群体之间的凝聚力。据樊绰《云南志》卷七记载："野桑木，永昌已西诸山谷有之，生于石上，及时月择可为弓材者，先截其上，然后中割之，两向屈令至地，候木性定，断取为弓，不施胶漆，而劲利过于筋弓。蛮中谓之瞑弓者是也。"[1] 从记载可知，当时采用生于石上的野桑木作为弓料，根据月份选料，不施胶漆，制成的木弓其劲力超过一般的弓。"西南诸蛮番造略同，硬木为弓，桩甚短，似中国涉猎弩差大耳。""蒙细奴罗初居垅圩图山，常执木弓药矢，遇到禽兽辄射之，鲜不获者。"据《云南志》卷四《名类第四》记载："寻传蛮，阁罗凤所讨定也。俗无丝绵布帛，披婆罗笼。跣足可以践履榛棘。持弓挟矢，射豪猪，生食其肉，取其两牙双插顶傍为饰。又条其皮以系腰。每战斗，即以笼子笼头如兜鍪状。""朴子蛮，勇悍矫健，以青婆罗缎为通身袴。善用泊箕竹弓。深林间射鼠，无发不

---

① 木芹. 云南志补注 [M]. 昆明：云南人民出版社，1995：29.

中。"①以上文献充分说明南诏大理国百姓善于狩猎,白族先民善用竹子做弓箭并持弓射箭,遇到野兽就射猎,命中率相当高。百发百中,之后白族先民还发明了弩,因为弩的射程远,射击准确而且方便安装,便于携带。通过对于弓箭的改良,狩猎飞禽猛兽更加得心应手,狩猎过程受到的伤害减少。这就能使百姓在狩猎过程中更好地保护自己,百姓就可狩猎到更多的猎物,能够捕捉到更有价值的动物。

南诏大理国的皇室贵族钟情狩猎活动。据史料记载,王于隆舜酷好田猎,迷恋到在父王病危期间仍出宫围猎,直至世隆去世后十二天才返宫②。深知儿子癖好的世隆对此无可奈何,只留下了"太子好田猎游逸,莫违其志"③的遗诏。可见,狩猎对南诏大理国时期的宫廷贵族们来说,不仅完全脱离了生产,也无军事性质,仅成为统治者和贵族们娱乐享受的体育活动。

大理国依靠广袤的山区密林,人们普遍从事狩猎活动。周去非《岭外代答》记载两种猎象之法,称:"象行必有熟路,人于路旁木上施机刃下属于地,象行触机,机刃下击其身,苟中要害,必死。……亦有设陷阱杀之者,去熟路丈余侧斜,攻土以为阱,使路入旧,而象行不疑,乃堕阱中。"而载捕猿:"(猿)子能抱持其母,牢不可拆。人取之,射杀其母,取其子,子犹抱母皮不释。"鹿性机警而嗅觉特灵,故其猎杀须"猎者从下风逼射之"。人熊凶猛性躁,猎杀方法:"以大木两片紧合之,中柊一杙,令两木中开,人熊至,见杙而怒,跨坐拔去杙而两木合,正害其势,乃死。"④他如野牛、野羊、麂獐、狐兔、虎豹、山獭种种,亦在猎中。猎物既可提供食用,又可提供皮毛,部分还有药用价值。周去非《岭外代答》卷九:"人杀一象,众饱其肉,惟鼻肉最美,烂而纳诸糟,邱片腐之,食物之一隽也。象皮可以为甲,坚甚。"而石鼠腹"千之治咽喉疾,效如神功",山獭"能解药箭毒,中箭者研其骨少许傅治,立消"⑤。因此,白族群众通过狩猎,能扩充食源、利用毛皮取暖或交易、利用药材治病或交易,这些对于经济水平不发达的白族群众来说,捕猎活动的经济意义不可小觑。

在南诏大理国后期狩猎手段变得多样化,有独猎、双人猎、三人猎、集体狩猎等方式。当人们在捕捉巨大的野兽时候,常常会采用集体狩猎的方式。集体狩

---

①木芹.云南志补注[M].昆明:云南人民出版社,1995:22.
②樊绰.蛮书[M]//南诏大理历史文化丛书:第1辑.大理:大理白族自治州文化局,1998:63.
③段玉明.南诏大理文化史[M].桂林:广西师范大学出版社,2018:97.
④周去非.岭外代答校注[M].北京:中华书局,1999:12.
⑤周去非.岭外代答校注[M].北京:中华书局,1999:13.

猎有两种方式，一种是围猎，另外一种是群猎。一个狩猎的完整过程，包括四个阶段，分别是准备阶段、开始阶段、高潮阶段和结束阶段。在始准备阶段中，要勘察周围的环境并布置陷阱，准备好狩猎的工具；在高潮阶段，猎人要英勇果断进攻和捕获猎物，在整个狩猎的过程中，不仅要身体灵活，精力充沛，这是对身体素质的一种考验，猎人在此过程中要思维敏捷，开拓脑力，运用战术，由此可以看出狩猎与身体活动是相辅相成。此外，还产生另一种形式——渔猎，南诏大理国临近洱海，洱海盛产鱼虾，独特的地理环境造就了南诏大理国独特的渔猎文化。洱海为人们提供了丰富的资源，南诏大理国居民对于洱海具有极大的依赖性，渔猎成为南诏大理国居民重要的生产方式。

综上所述，狩猎活动源远流长，最初是先民们用来谋生的方式，是一种生产作业的实践活动，后来随着不断发展使其狩猎逐渐具有了娱乐、体育、军事等多方面的用途和性质。

二、打歌

打歌传承了南诏大理国的民族个性和内在气质，内容结构和表现形式都是人民生活的缩影，不仅具有丰富的民族文化内涵，还承载着厚重的历史积淀。

（一）打歌起源

我国古代以体育、舞蹈、艺术为表现形式的文化中，都以身体运动为表现主体。人们以身体的活动方式来强身健体或展现艺术之美，两者之间存在着千丝万缕的亲缘关系。许多民族体育项目与艺术都有重合，如孔雀舞、阿细跳月等民族健身操项目与舞蹈、音乐、艺术都存在交融现象。以现今体育学科的角度来看，民族健身操项目归属于民族体育之列，打歌归为体育范畴也在情理之中。

西南民族民间舞蹈种类繁多，其中最流行的是打歌。关于打歌的名称有很多，如："打跳""跳乐""跳笙""跳弦跳歌""跳脚""叠脚""三脚歌""三步弦""三步乐""簸箕乐""四弦舞""三弦舞""弦子舞""大三弦舞""左脚舞"等。一般说，在滇西多称"打歌"，滇南多称"跳乐"。"打歌""跳乐"均为汉语称谓，虽然它们在舞蹈动作、舞步、伴奏乐器、音乐旋律乃至反映的内容上不尽相同，但其基本表现形式都是集体围圈歌舞，且多为自娱性。像打歌这样的集体围圈歌舞的民间舞蹈形式，在纳西族普米族、傈僳族、拉祜族、彝族、藏族、苗族中都有。

关于打歌的传说有以下几种：传说一，在远古时期，各部落的战争不断，彝族先民与傈僳族先民因为争夺土地爆发了战争。彝族先民由于人数较少不敌傈僳族先民，所以败退到山顶，彝族先民中一人向首领提出让所有的士兵在白天假装睡觉，然后在夜晚突然又唱又跳的，齐声叫喊着"傈僳子你瞧着！"这句话是打歌调中的主要衬词。傈僳人看此情景和听着呼喊声，以为彝族先民的援兵到了，不敢再攻打。从此两家不再打仗，和平共处。后来彝族的后人为了纪念这次战争将打歌沿袭了下来。

传说二，部落时期两个彝族的兄弟上山砍柴遇到一只猛虎，其中一个人与老虎进行搏斗，另一人想要求救，但是个哑巴，无法呼救。于是砍下竹子绑在一起吹奏呼救。附近的人们听到声音前来相助，救出了两个兄弟。晚上乡亲们为了庆贺就架起了篝火，吹起了竹子做的乐器跳舞唱歌，发展成为今天的打歌。

传说三，三国时期当诸葛亮率兵南征时，在澜沧江边被困于山中，于是诸葛亮叫三个士兵在山头点火，唱歌跳舞。三人叫喊着自己的名字"傈僳子你瞧着！"，连续不断，敌军听到，以为是天兵特来相助，胆战心惊，于是不战自退。后来诸葛亮率蜀兵擒拿了孟获，云南地区得以安定，同时诸葛亮还给当地的百姓带来了先进的生产技术和方法，造福百姓。后来人们为纪念诸葛亮便以歌舞的形式进行纪念和庆祝活动。

传说四，细奴逻部落为了发展壮大，在外不停地打战，每当取胜后，部落的成员为了庆祝胜利，就在一块宽阔空地上，唱歌跳舞，欢呼雀跃，逐渐也就变成了打歌。

传说五，在唐朝时期蒙舍诏的势力在洱海流域发展最快、最强大，蒙舍诏主皮罗阁为了消灭其他的五诏，实现统一，建立了南诏地方政权。后来人们为纪念南诏的统一，每年举办载歌载舞的庆祝活动，逐渐成打歌。可见，有关打歌的起源民间存在很多种传说，大多是因为战争需要，或出于庆贺的需要，进而衍生出来的一种白族文化形式，并在南诏大理国发展过程中逐渐形成。

(二) 打歌表现形式

樊绰《蛮书》载："少年子弟暮行游行间巷，吹壶芦笙，或吹树叶，声韵之中，皆寄情言，用相召唤。"[1] 桂馥《滇游续笔》也记载："夷俗，男女相会，一

---

[1] 樊绰. 蛮书 [M]//南诏大理历史文化丛书：第1辑. 大理：大理白族自治州文化局，1998：77.

人吹笛，一人吹芦笙，数十人环，踏地而歌。"① 从上述记载可以推测，打歌应与踏歌相同，都源自南诏本土。

打歌的音乐大多是短拍节的曲调，有的欢快活泼，有的节奏缓慢，有的庄严凝重，有的激烈豪放，打歌的音乐曲调一般是固定的，其中最具代表的白剧吹吹腔，已有200多年历史，行当分工较细，各具性格，唱20余种，传统剧目有200多个。白剧原名吹吹腔。吹吹腔源于弋阳的罗罗腔。罗罗腔传入大理地区后，逐渐与白族人民的生活、习俗、艺术等结合，发展成为吹吹腔剧。

打歌音乐是百人一音，千人一曲。他们的快和慢、轻和重、缓和急，都统一在芦笙和笛子的节拍、节奏上。无论是哪种打歌都是以对歌的形式为主，主要是以男女对唱进行。打歌的伴奏乐器多为芦笙、三弦、四弦、笛子。芦笙是西南地区少数民族常用的伴奏或独奏的乐器。有些村寨要进行打歌是在祭芦笙仪式后才能用笛子等其他音乐工具，其中笛子的旋律与打歌的曲调为双声部的复调音乐。

打歌总体的音乐特点，一是一曲多词，二是多声部交响，三是一唱众和，以对唱为主。一曲多词，就是一个曲调的旋律不变，可以一直唱下去，但是唱词是要变化的，几百种调或者上千种调。打歌唱的形式为：一男对一女众来和腔调，二男对二女众来帮腔调，也有几十男对几十女集体来伴腔调。唱词有二句对二句的形式，也有三句对三句的形式，四句对四句的形式，五句对五句的形式，有时候也可以以六句对六句的形式来展现。当一、三、五单数唱词时，它会用加衬词的方式或者是用上一段尾句重复的形式形成音乐对称结构曲调。

多声部交响是指在打歌的音乐中，芦笙是一个旋律、笛子是一个旋律、人声唱调又是一个旋律，他们的旋律相互融合在一起，击乐声、拍手声、跺脚声、服饰银器碰撞发出的响声等各种声响自然地混合在一起，展现出和谐动人优美的画面。虽然有时候各部的音高低不在一个曲调上，但是依然带给人们的感觉是和谐，愉悦，有气势。出现的音律一般都是用胡芦笙的五音也就是中国的五声音阶，宫、商、角、徵、羽。音程在音行进行中跳动浮动比较大，上滑和下滑比较多，同时切分音和附点音也是打歌音乐中的一大特点。

打歌中的音乐调式是传统的五声音阶，其中大多以羽徵宫调式，商角调其后，旋律上下波动比较大，高音区比较多，甚至有的音区只能用假嗓演唱。在一唱众和对唱为主时其这个方面，旋律及歌词的对称是非常严谨的。唱词、衬腔形

---

①薛琳. 巍山史话 [M]. 昆明：云南人民出版社，2001：106.

成了固定的模式,其中包括固定式的、程序化的演唱风格,舞蹈中的脚步式是要紧密地配合。

总之,打歌是一种属于群体性的艺术形式,一种文化类型,它主要通过世代口传身授的方式来传承的。打歌作为一种民族文化载体,在它的歌词中记述了有关人类诸多的历史内容,承载着非常丰富的历史文化和信息。

(三) 打歌的体育文化表现

打歌多出现于白族重大的节日和在隆重的仪式中使用,蕴含着白族民族文化、生产方式、生活习俗等丰富的内涵,在南诏大理国具有流传的广泛性和普及性。每逢像春节、端午节、火把节等重大节日,每村每寨都要举行打歌的活动。各村寨都会自发组织打歌队相互庆祝,以表示喜悦、祝福和分享节日的喜庆。

打歌对于人数的要求及活动场所没有固定的限制,形式多种多样,是一种真正的民间民族艺术活动。从农历正月初二起到正月十五,各村寨开始轮流进行打歌。当轮到举办打歌村寨的时候,村寨要准备好春节的一些用品和食物饭菜等,其他村寨的人一起来热闹过节。

参加节日活动的人们不论男女老少都穿上节日盛装,于四月二十二日从大理出发,到庆洞村圣源寺夜宿。次日到喜州夜宿,第三天在河溪村宿夜,第四天在马久邑解散。此时大理地区春光明媚,山清水秀。人们以村寨为单位。组织起来,走在各村寨队伍最前面的是两名歌手,他们手执柳枝、拂尘、一唱一答地对歌。紧跟在后面的人群,有的吹着树叶,有的弹三弦,有的敲着八角鼓,有的打着霸王鞭,随着指挥者挥舞着的树枝。中途人们可退出,当然也有人加入进来。夕阳西下,人们到达驻地,便互相结为伙伴在附近的田野、树林、山坡点起一堆堆篝火,烧火煮饭。饭后,人们围坐篝火旁,弹起三弦琴,唱起白族调,欢聚一起,通宵欢唱。在打歌之前需要进行一个仪式,先放鞭炮,拜土主,由村里年长者用鼓和铜号两者结合起调。

综上所述,打歌对于参加者来说是一种自由的释放,是一种艺术,是一种情感与心灵感受的结合,是白族人民智慧和创造的结晶。打歌不仅对于研究人类文明的演进具有重要的意义,而且对于展现世界文化的多样性具有独特价值,是人类共同的文化财富。打歌作为非物质文化遗产的一类,表现出民族文化的价值、想象力和文化意识,打歌对体育学、历史学、民族学、舞蹈学等很多学科具有科学研究价值。

第五节　南诏大理国宗教祭祀体育

南诏大理国统治区域民风民俗千姿百态，民风古朴，且人人能歌善舞。在宗教祭祀中保存着众多具有浓郁民族特色的体育形态。南诏大理国宗教体育是指：南诏大理国统治者为了达到笼络人心、维护政权的政治目的，借用当地的白族传统体育项目，组织举办祭祀活动。南诏大理国统治者以宗教祭祀体育活动为传承本族宗教信仰，一方面为了顺应民众的宗教信仰，祈福求平安；另一方面树立威信，笼络百姓，使百姓服从统治。白族本主崇拜是其宗教信仰的主要形式。白族将凡是为他们立过功、做过贡献的人，均视为自己的保护神加以崇拜。为了对他们进行祭奠，白族每年都要举行绕三灵、火把节、蝴蝶会、海灯会等传统活动。祭祀仪式为南诏大理国宗教体育文化发展提供平台，反过来南诏大理国体育又依靠宗教活动得以延续。大理国时期的白蛮信奉佛教，在祭祀活动中，充分体现了滚火龙、耍火把等南诏大理国宗教祭祀体育的重要性。

一、滚火龙

(一) 滚火龙的起源

南诏大理国时期白族有很多关于龙的传说，因为该地区历史上受水患之害，人们常常把与水患斗争的希望寄托于龙。他们把龙视作吉祥、幸福和美好的象征。关于滚火龙的来历，有两种说法。

其一，笔者在调研时曾采访了白族民间艺人赵亮田，洱源牛街人的后人，他介绍了祖辈留传下来的传说：一日盘古老爹从午睡中醒来，见黑气缭绕人间，当即算上一卦，知有瘟神在人间作祟。他想，天、地和人都是他创造的，今天遭此折磨，于心大为不忍，一怒之下，便顺手拆得筒竹数节，驾云下凡，乱打瘟神，至尽。后世怕瘟神再来作孽，便用竹篾辟箴扎体内置放灯火的龙来驱之。此虽属于神话传说，但从这里可以看出滚火龙起源的久远，其原始功能在于驱瘟辟邪，消灾免祸。

其二，据当地艺人说，滚火龙中的火龙，起源于洱源县，洱源县中的火龙是乃是雄龙，而其他各地的"游龙"都是母龙，所以滚火龙特别雄健，气势磅礴，如果不是精壮男子耍是无法胜任的。参加龙舞的人有"龙老倌"二人，手执引龙珠;"龙姑娘"二人,均为男扮女装,背草帽戴墨镜,手拿竹骨绸面扇。耍火龙,从南诏大理国时期至今,都是云南大理洱海边白族民间于大年初一进行的一项体育娱乐活动。

(二) 滚火龙的仪式

滚火龙长约20米,由12节龙骨组成,龙衣多为红、黄两种,每节龙骨内安有一个铁夹,铁夹上有二根油捻。油捻用草纸搓编而成,包上白棉纸,放入沸油中煎炸,炸至酥脆后取出,放半冷后涂上火硝,耍龙时由舞者负责点燃。

滚火龙大多在宽敞的庭院中表演,滚火龙耍到农家庭院时,还未进院门,院主忙关上大门,龙老倌喊:"开门来!"院主在院内答到"早不来,晚不来,大门关起来了你才来?"外面回应道"因为路上耽搁了!"院主急答:"珍珠元宝请进来。"接着打开院门,龙老倌挥舞龙珠引龙进庭院。滚龙时可根据场地的大小变化套路,可以在街上一路走一路耍,也可以围成圈耍。这个队伍的后面,分别由两人装扮成"财神"和"黑虎",一路表演各种精彩的武打节目,拳、棍、刀、剑竞相飞舞,他们还不停地向人群呼喊着"五谷丰登"等口号向观众祝贺。在优美的笛子声中,一对穿着奇装异服的男女歌手,一步一摇,一问一答地唱着花柳曲和大帛曲。他们见景生情,随编随唱,十分悦耳动听,赏心悦目,使人应接不暇。

每当白族滚火龙时,先有锣鼓和唢呐奏乐,接着一身着白族装束的人双手舞动扎有宝镜、响铃和大红绸花的龙珠引龙上场。在滚龙过程中,龙珠将指引龙做戏水、翻身、龙上天等各种动作。接着,天蒙蒙亮,各村由七八十人组成的耍龙队伍已聚集在洱海或村头的大青树下,作耍龙的准备。吃过元宵的白族男女,身着五彩缤纷的服饰,从四面八方成群结队而来,自觉地围成一个庞大的圆圈,等待着观看耍龙。随着三声隆隆的礼炮,欢快的锣鼓声、唢呐声骤起,引龙者头包白布,身着白衣黑褂、脚穿绣花凉鞋、腰间斜挂四块大花巾,眼戴墨青眼镜,额贴太阳膏,首先纵身进入广场,双手舞动着扎有宝镜、响铃和大红绸花的龙珠,引龙上场,舞龙头的人抬着一丈多高、张牙舞爪的龙头,左右摆动,上下盘旋,牵引着后面由20多人组成的龙身、龙尾。特别是耍龙尾的,身披龙甲衣,手摇蒲扇,变化各种动作,与龙头动作呼应,有节奏地跳跃奔跑着,显得十分活跃。挂在龙身上的那些小圆镜和贴金,随着龙身的滚动、翻腾,射出一束束闪亮的光芒。龙头朝正房,顺时针四面劈耍,龙身和龙尾随之而舞,谓之"劈驴门"。接着，鞭炮、鼓钗、银钵齐鸣，耍龙者点燃油捻，整条龙放出一束束瑰丽的烟火，龙舞得越快，火烟也就烧得越旺。龙打滚，大地火花弥漫；龙上天，长空烈焰升腾，围观者与舞龙者仿佛置身于雾海火山之中，整条龙飞跃云端，破浪入海，活灵活现，出神入化，非常壮观。

二、耍火把

（一）耍火把起源

火把节又名"星回节"，起源于南诏时期，是白族最古老、最传统的节日，每年的农历六月二十五举行，其间大理周边的群众都会身穿盛装前来，参加庆祝节日活动。2013 年，火把节入选为云南省第三批非物质文化遗产名录。关于火把节的起源，白族有很多传说，其中流传最广的是发生在南诏大理国时期的"火烧松明楼"事件。

南诏王皮逻阁欲吞并其他五诏，以农历六月二十四日祭祖为名，建松明楼，召诸诏主共祭。邓赕诏主妻慈善夫人知其谋，止夫勿往，诏主惧南诏威势不敢不往。临行，夫人以铁镯戴夫臂，洒泪而别。诸诏主在松明楼祭毕酒酣之际，皮逻阁下命纵火将诸诏主焚死。待诸诏主妻闻讯前来收尸时，独慈善以铁镯辨夫尸归葬。皮逻阁仰其才貌，欲强娶之。慈善宁死不从，聚兵守城，终因粮尽投湖自杀。故事歌颂了慈善夫人的聪明才智及忠于爱情、反抗强权的高尚品德。为纪念这位壮烈的夫人，白族人民在每年六月二十五日火把节这一天，举行赛马表示夫人火速发兵去救丈夫，妇女染红指甲表示夫人在燃烧的废墟中寻找夫尸被火烧伤。在一些白族地区至今还保留着一种叫作"跳火把"的习俗，火把节之夜，青少年点燃起一束束火把汇集广场，排起队一个接着一个跳跃，称"跳火把"。还有人拉绳甩圈，持火把者鱼贯跳绳或两人同跳。

（二）耍火把仪式

火把节日前夕，全村同竖一根高约一二十米的大火把。火把用山上砍下来的松树制作而成。费用由当年生小孩的人家负担。用松树做杆，上捆麦秆、松枝，顶端安一面旗。旗杆用竹竿串联三个纸篾扎成的"升斗"，只是一种火把节的祭祀品意为连升三级。每个升斗四周插着人寿年丰、六畜兴旺之类字画的小纸旗。升斗下面挂着火把梨、海棠果、花炮、灯具以及五彩旗。

火把节的中午，人们带上小火把、纸钱、香烛、供品，到祖坟前扫墓祭奠。小火把点燃后，撒三把松香熏墓，等火把燃到把杆后人们方能回家。墓地如离家较远，则在家里祭祀。太阳落山前，各家提前吃完晚饭，扶老携幼出门观赏火把和跑马。跑马的有大人、有小孩。绕火把跑三圈后，才能向远处驰骋。不跑马的，就挨家挨户欣赏各家门前的火把，看谁家火把精致美观。在全村的大火把点燃之前，年轻的媳妇们打着伞，背上新生婴儿在火把下转三圈，以示祛邪得福。

火把节的流程中，首先是点火把。夜幕降临时，村中老人领头献祭品，向大火把叩头。几个勇敢矫健的小伙子，一个接一个地攀上高竖的大火把，将小火把通过逐人上传将大火把点燃。霎时，烈焰腾空，鼓乐大作，鞭炮齐鸣，响彻云霄，场面壮观。当火把上悬挂升斗的竹竿被烧断时，人们争相抢夺飞下的升斗。抢到者被视为有福之人，受到大家的祝贺，被簇拥着回家，由主人用烟、酒、茶款待。下一年度大火把上的升斗即由抢得升斗的人备办。

然后是耍火把。男女青年各持一个火把，见人就从挎包里抓出一把松香粉往火把上撒。每撒一把，就会发出耀眼的火光，发出"轰"的一响，火苗燎向对方，叫作"敬上一把"。燎耍过后，青年要成群结队，举着小火把到田间地头，向火把撒松香粉，给谷物照穗，其意是驱除病虫保丰收。火把节近尾声时大家互相道别散去，同时到燃尽的火把下面捡木炭回去放在房子外面辟邪，耍火把的风俗习惯一直延续至今。

（三）耍火把的体育文化表现

自有南诏大理国以来，白族地区都有"耍火把"的习俗，火苗相互燎烧，能烧去对方身上的晦气。传统的耍火把体育中没有攻击性和对抗性，更多的是参与性和娱乐性。随着社会的发展，当今社会的火把节中只剩下耍火把和打跳两种体育活动，并且在发展过程中融入了许多现代化元素，参与的人群和规模也发生了变化。

本章小结

南诏大理国军事体育，包括机构制度、武术、郁刀、浪剑、象术、骑射；南诏大理国宗教节庆体育，包括龙舟竞渡、滚火龙、霸王鞭；南诏大理国宗教庆典中的体育，包括绕三灵、火把节；南诏大理国礼教体育，包括礼射、投壶；南诏大理国娱乐体育，包括狩猎、打歌五个方面。

第三章
南诏大理国体育文化构建

笔者按照研究计划进行了实地调查、引证工作,试图复原南诏大理国体育文化的形态。对记载南诏大理国体育的典籍文献进行史料调研,搜集史学材料中关于南诏大理国体育文化的历史记载;然后,对云南南诏大理国遗址进行实地调查,深入考察南诏大理国体育项目的遗存概况,捕捉、搜寻现今仍然残留于边疆民族地区的南诏大理国体育文化现象,试图复原南诏大理国体育文化的形态,证实其历史存在性。为了进一步考证史料文献记载的真实性、可靠性,笔者必须在实地调研中发现其线索及证据。

第一节 南诏大理国体育文化的概念

笔者经过实地调研、史料搜集,南诏大理国体育的文化存在性得到证实,只是学界还没有形成较为明确的概念。然而南诏大理国体育文化是看得到却摸不到的东西,应该怎样理解和把握呢?这就需要对南诏大理国体育文化进行理论构建,回答究竟什么项目可以称为南诏大理国体育,南诏大理国体育的概念又是如何界定的,南诏大理国体育文化又是如何形成,其构成因素、本质是什么等诸多问题。笔者先阐述文化这一核心主体,然后再循序渐进地深入探析南诏大理国体育文化的内在含义及结构,最后利用有价值的南诏大理国史料、体育史材料演绎、复原出南诏大理国体育文化的轮廓,对数百年前的南诏大理国体育文化形态进行分析,试图构建南诏大理国体育文化理论概念。

一、文化阐述

文化的概念研究是当代所有人文社会科学研究的重要内容。19 世纪以来,人类学家、民族学家都对其做出了各自的界定。英国人类学家爱德华·博纳特·泰勒在《原始文化》一书中，创新了"文化"一词，并把它界定为作为社会成员的人所习得的包括知识、信仰、艺术、道德、法律、习俗以及任何其他能力和习惯的复合体。这一整体概念是学术界公认较为权威的定义。但是由于学科不同，研究者的视角不同，对文化的解释有所差异。赵世林把文化与民族联系起来研究，认为文化概括总结了人类的历史与社会生活，是人类活动的历史记忆与符号表征，是一个社会的重要符号，各族人民创造的文化是人类共享的资源，是人类文明发展进程中共同的文化遗产。曹成章把文化表述为不同的社会形态必然会产生不同的文化形态，这种社会现象的变化其核心是依据物质基础来决定的。随着民族的产生和发展，文化具有民族性，通过民族的形成和发展，形成民族文化传统。目前学术界较为认同的观点是：文化从广义来说，指人类社会历史实践过程中所创造的物质财富和精神财富的总和。从狭义来说，指社会的意识形态，以及与之相适应的制度和组织机构。在民族学研究中对"文化"一词的表述更为具体，认为文化是人们在体力劳动、脑力劳动中所创造出来的一切财富，包括物质文化和精神文化，以及人们所具有的各种生产技能、社会经验、知识、风俗习惯等。

　　文化行为是人类社会的最本质的行为特征。任何一个民族都有自己独具特色的传统文化。在纷繁复杂的文化大千世界中，中国少数民族传统文化是一种具体的特质文化。对这一特质文化进行结构分析，研究中首先要对文化的概念、结构及一般特征有一个宏观的理解。

　　现今学术界对文化的划分有多重标准，总结后有：二元结构说，强调文化是由物质与精神文化组成；三元结构说，主张文化包含物质文化、精神文化以及制度文化三个层面；四元结构说，主张精神文化、物质文化、制度文化、行为文化四个分类。鉴于此，考虑到体育学科的特征，笔者关于文化的结构的划分还是赞同四元结构分类法。

　　商代甲骨文中有"文"字，像身上有花纹的人形，很可能是象征古代纹身之人。甲骨文中也有"化"字，像一正一倒之人形，比喻变化。汉代许慎《说文解字》释曰："化，教行也。"[1] 文与化同时出现，较早见于《易·贲卦》的《象辞》："分刚上而文柔，故小利有攸往，天文也。刚柔交错，人文也。观乎天

---

[1] 方述鑫. 甲骨金文字典 [M]. 成都：巴蜀书社，1993：556.

文,以察时变。观乎人文,以化成天下。"① 以"文"为"化",意为文治和教化。汉代刘向《说苑·指武》:"凡武之兴,为不服也。文化不改,然后加诛。"② 《文选》记载晋人束皙《补亡诗·由仪》:"文化内辑,武功外悠。"③ 可见,以文教化是中国传统文化之本义,与武功相对。这一层本原之义,使现代汉语文化一词更富人文色彩。

文化作为专门术语,于19世纪中叶出现在人类学家的著作之中④。1952年,美国的文化人类学家克罗伯(A. L. Kroeber,1876—1960)和克拉克洪(C. Kluckhohn,1905—1960)合写了一部专门探讨文化的著作,名为《文化——关于概念和定义的探讨》⑤。作者罗列了160多种1871年至1951年之间80年间有关文化的定义,其中包括人类学家、社会学家、精神病学家以及其他学者的论点。这些定义按其内容,大致可分为六方面:①记述的定义;②历史的定义;③规范的定义;④心理的定义;⑤结构的定义;⑥发生的定义⑥。最后克罗伯和克拉克洪对文化下了一个综合定义:文化存在于各种内隐的和外显的模式之中,借助符号的运用得以学习和传播,并构成人类群体的特殊成就,这些成就包括他们制造物品的各种具体式样,文化的基本要素是传统思想观念和价值,其中尤以价值观最为重要。克罗伯和克拉克洪的文化定义今天已为现代东西方的许多学者所接受。

文化是人类共同创造的,是人文科学共同关注的基本问题。文化定义是文化研究的第一道难题。文化定义之难并不在于"给出文化概念确定范围是徒然的"⑦,而是企图给出一个不同学科、不同学派都能接受的、举世公认的统一定义是办不到的。文化的研究和应用是跨学科的,研究的角度不同,强调的重点不同,给出的概念范畴自然不同。多种视角的文化理论自然引出复杂多样的文化定义。文化有广义、狭义之分。广义的文化,包罗人类所创造的全部物质财富和精神财富,一切非自然的人类创造物都属于文化。以上对文化的概念内涵深入诠释,以及对其内在结构的精要分析有利于探索南诏大理国体育文化的本质特征。狭义的文化侧重于语言、文学、艺术及包括一切意识形态在内的精神产品。

---

①肖锋. 中国古代文论读本 [M]. 河南:河南大学出版社,2016:204.
②汪文学. 正统论:中国古代政治权力合法性理论研究 [M]. 贵州:贵州人民出版社,2019:112.
③黎羌,柯琳. 东方乐舞戏剧史论 [M]. 北京:中国戏剧出版社,2019:17.
④维多克·埃尔. 文化概念 [M]. 康新文,晓文,译. 上海:上海人民出版社,1998.
⑤方海霞,全新元. 中西方商业文化差异的跨文化交际 [J]. 商业文化,2016(8):20-23.
⑥殷海光. 中国文化的展望 [M]. 北京:中国和平出版社,1988:29-41.
⑦T. S. 艾略特. 基督教与文化 [M]. 陈民生,陈常锦,译. 成都:四川人民出版社,1989.

(一) 传统文化

自20世纪80年代起,中国出现一股研究中国文化热①。人们所关注的热点话题是对中国传统文化的再估价②。早在1986年庞朴就指出:"学术界的各个领域中都比较关心文化问题,这实际上就是如何解决传统与现代化的关系问题。现在要实现现代化,在中国这样一个几千年文明古国中要实现一个崭新的现代化社会主义国家,如何摆好传统和现代关系,是一个非常现实的问题。"③ 20世纪初,在以新文化运动为代表的主张文化改良过程中,以儒学为代表的传统文化作为近代启蒙文化的对立物,就曾经受过一场前所未有的冲击。今天,重新审视估价中国的传统文化是出于现代化的需要。

由于传统文化的传承年代久远,因而不易变化,是文化结构中最稳定的核心部分。张岱年,姜广辉指出:"文化发展的一个基本的规律是文化的积累性和变革性。每一代人都会在继承前人文化知识的基础上,增加新的知识内容,这是文化的积累性;同时,文化又会随着社会经济、政治的变革发生变化和更新,这是它的变革性。当笔者考察历史上文化的积累和变革时,会发现一些相对稳定、长期延续的内在因素,它们在文化积累中一再被肯定,在文化变革中也仍然被保留,笔者把这样的东西称为传统。由于传统的差异从而形成不同民族的文化类型和特点。每一民族的人民都生活在一定的文化氛围中,有其一定的语言、知识、好尚、信仰、礼仪习俗、制度、规范等等,并在此基础上,通过各种学习、传授及耳濡目染的方式,产生出共同的文化心理。这种共同的文化心理使人们对本民族的光荣历史产生了怀恋感,并对本民族的现实生活具有了适应性,从而形成了民族的凝聚力。"④

传统文化不是每个民族的全部文化,而是保持在每个民族中,从历史上流传下来的那部分文化,是每个民族的固有文化。任何民族的传统文化都是在历史进程中形成和发展起来的,都有其特定的内涵和占主导地位的基本精神。传统文化包含着有形的物质文化,但更多体现在无形的精神文化方面,在价值观念、生活方式、风俗习惯、心理特征、审美情趣等方面表现得尤为鲜明。进入现代社会以后,传统文化作为历史的积淀仍在各民族中保留着。传统文化负载着一个民族的

---

①冯天瑜,何晓明,周积明.中华文化史[M].上海:上海人民出版社,1990:33.
②吴修艺.中国文化热[M].上海:上海人民出版社,1988:55.
③庞朴.文化的民族性与时代性[M].北京:中国和平出版社,1988:108.
④张岱年,姜广辉.中国文化传统简论[M].浙江:浙江人民出版社,1989:3.

价值取向,影响着一个民族的生活方式,拢聚着一个民族自我认同的凝聚力。传统文化是一个民族的历史遗产在现实生活中的展现。当代中国的少数民族都保留着本民族深厚的传统文化。这种传统文化既具有历史性,又具有现实性。所谓历史性是指,这部分文化是经过长时间形成并传承下来的;所谓现实性,是指这部分文化在现实生活中仍具有生命力,是一种"活"文化。

(二)少数民族传统文化

中国少数民族文化千姿百态,所包含的文化现象纷繁复杂,只有加以识别,才能更好地认识它和研究它。中国少数民族文化具有多元性,在地域分布上具有广阔性,在社会发展方面具有不平衡性,因而对少数民族传统文化的分类是复杂且困难的课题。研究者从各自的角度出发,分类方法上并不一致呈现出多样性。从贯时法出发,大多按照少数民族社会发展阶段分类;按并时法分类,或以地域区分,或以民族为单位,把贯时法和并时法结合起来的门类划分,最普遍采用的是物质文化和精神文化的分类法。

民族学家通常把文化分为物质文化和精神文化两大类。前者包括器物,即在一定时间内存在于空间的物品,如劳动工具、取火装置、武器、运输工具和搬运设备、住宅和其他建筑、食品和饮料、器皿、用具和家具、服装、靴鞋、头饰和其他装饰品。又如,栽培植物和家畜,以及染身、肢体毁伤文身、发型、各种化妆品和香料等,也属于物质文化之列。后者是存在于任何人类种群集体记忆中的信息,可以通过童话和传统世代相传,并可用一定的行为规范表现出来。所有记在头脑中的劳动技能,有用的知识,与经济、社会和家庭生活有联系的爱好和习俗,法律规范,各种艺术和民间创作,宗教信仰和迷信等,均属精神文化之列[1]。民族学中的文化门类,是具有涵盖性的特质文化类别。这种文化,应具有以下特点。

民俗性。传统文化在各民族社会生活中占有相当大的比重,往往以千姿百态的民俗展现出来。这种民俗性以非主流文化的方式存在,起着相当程度的社会规范的制约作用。

特质性。文化特质(culture trait)或称文化元素(culture element),是指一种文化中具有意义的最小分类单位,是组成文化的基本要素。由诸多特质所形成

---

[1] 尼·切博克萨罗夫,伊·切博克萨罗娃. 民族·种族·文化[M]. 赵俊智,金天明,译. 北京:东方出版社,1989:202.

的具有特色的综合内容称为特质丛（trait-complex）。正是特质使文化相区别。中国各民族传统文化都有各自不同的特质，但在门类上，却能归纳出特质群。

传统文化是在各民族历史发展过程中逐渐形成的，具有相对稳定性。一个历史阶段中政治、经济变化无疑影响文化的变迁，但主要表现在主流文化的改变。一个民族的在一定历史时期的主流文化，可以作为非主流文化在新的历史条件下继续存在。

作为门类文化，反映的是诸多民族所共同具有的民族学方面的内容，而门类文化所涵盖的子项，也可以称为某种文化，这种文化应具备以下条件：拥有这种文化的民族是该文化的主体；从地域上说这种文化有一定的覆盖面；这种文化在一个或几个民族门类文化中具有整合性；这种文化具有鲜明的特质。

把物质文化和精神文化统一起来，中国少数民族传统文化可划出以下六个基础门类：

①衣食住行方面的生活文化，包括服饰、饮食、建筑、交通、器用等。

②婚姻家庭和人生礼仪文化，包括恋爱、婚姻、家庭、亲属称谓、宗族、生育、寿诞、成年、丧葬、交际等。

③民间传承文化，包括民间文学、音乐、舞蹈、戏曲、竞技、游艺、民间美术等。

④科技知识工艺文化，包括生产技术、天文历法、民间医药、工艺制作等。

⑤信仰崇尚文化，包括宗教、崇拜、祭祀、巫术、吉祥崇尚、禁忌等。

⑥节日文化，包括年节以及各民族特有的宗教、农事、纪念、庆典等节日。节日是一个民族传统文化最重要的载体，集中地展现出传统文化的各个方面，因而是一种综合性的门类文化。

（二）少数民族传统体育文化

民族体育文化在我国乃至世界各国都是一种历史悠久、引人注目的民族文化现象。对民族体育的专项研究，既是一门古老的学科，又是一门新兴的科学。中国的民族体育具有悠久的历史。百家争鸣的春秋战国时期，是我国古代学术文化空前发展的"黄金时代"。学术文化的进步和繁荣为体育的发展提供了极为重要的理论指导。道家的哲学思想成为中国古代体育思想如养生思想、武术思想的重要哲学根源。如孔子及先秦儒家的仁学思想对中国古代体育就产生深远的影响。秦、汉时期（公元前221—280），体育思想在继承先秦基础上有所扬弃，形成了后世发展的基本格局。至唐代武举制始创,到宋英宗时定为固定制度,体育理论以军事理论的形式而得以发展。明清时期,武术运动高度发展,体育理论逐步系统化,从戚继光的《纪效新书》记载中可以得知:"凡比较武艺,务要俱照示学习实敌本领,真可对搏打者,不许仍学习花枪等法,徒支虚架,以图人前美观。"① 明、清是我国古代民族体育理论达到比较完善和系统的时期。

近代以来学者对民族体育理论的研究,更注重其内在的本质特征探究,揭示其文化性、教育性、社会性。由于历史的原因,我国对民族体育的研究。长期以来尚未形成一门独立的学科体系,习惯上是将其分散至体育学和民族文化学的各个学科中进行研究。西方学术界将体育科学作为一个整体与文学、艺术等学科一并归入人文科学内进行研究。我国强调的是人的社会性、阶级性,以马克思主义唯物史观为指导,进而逐步促进民族体育学向科学化、规范化、社会化、系统化方向发展。

综上所述,本研究将可以为民族体育做如下定义:民族体育是各民族长期生产、生活实践所积累的体育活动的总称,是一种复杂的社会现象,是作为群体存在的民族文化现象,它存在于各民族社会生活和民族文化中,与体育概念具有相通性但又具有其差异,这种差异的主要外部特征是群体,主要内部特征是文化。民族体育广义的概念中,还有民间传统体育、民族传统体育、少数民族传统体育等下位概念。

1. 民族传统体育文化

美国学者希尔斯在所著的《论传统》一书中,从社会角度着重探究了传统的含义、形成、变迁,传统与现代化、传统与创造性、启蒙运动以来的反传统主义、社会体制、宗教、科学、作品中的不同传统,以及不可缺少的问题。希尔斯认为传统是人类的不同活动领域所形成的代代相传的行为方式,是一种对社会行为具有规范作用和道德感召力的文化力量,同时也是人类在历史长河中创造性想象的沉淀。传统是一个社会的文化遗产,是人类过去所创造的种种制度、信仰、价值观念和行为方式等构成的表意象征。它使代与代之间、一个历史阶段与另一个历史阶段之间保持了连续性,构成了一个社会创造与再创造自己的文化密码,并且给人类生存带来了秩序和意义。他认为传统就是文化的"密码"。

英国学者亚·卡尔·桑德斯对传统理解更具体化,他认为所谓传统就是储存,储存就是这样积累起来的。过去世代相传的知识到这一代,经过某种程度的修

---

① 戚继光. 纪效新书 [M]. 北京:中华书局,2019:12.

改再传给后代。传统实际上就是知识,更确切地说是观念的流传,这种流传是通过符号、语言、形象与概念,通过学习、传授、交感、模仿与启示等活动发生并完成的。传统的内容储存在语言、风俗、民间传说、制度和工具等之中,因此它们是人类高级思维过程而产生的特征。传统的运动特性是引导和制约精神活动按常规向前推进。因此,传统一旦形成,便支配各种精神过程运用的程度和方向。

而中国大多学者把传统视为文化凝固或遗传因子。商戈令认为:"什么力量使社会生活的各个方面凝固成文化的呢?本研究认为是传统。"[①] 传统使社会生活或实践活动的各个方面、各种特征凝固成为特定的文化样式,并使其稳定下来而成为漫长的文化史的持存点,人类就是通过这些形似断裂的点,实现其文化的历史进展。就这个意义而言,文化凝固也可看作传统本身。

所谓传统,就是决定文化及其类型形成、延续、发展、停滞的相对稳定的内在要素,也可以说,传统是社会、民族或区域文化的"遗传因子",可以说传统是一种文化遗产,传统是一种延续,是至今仍存在的知识,传统是民族文化的基石。传统是笔者研究的基点,因为传统是民族文化的"密码"。

本书认为民族传统体育定义如下:民族传统体育是民族(包括汉族)体育的重要组成部分,是历史发展的产物,是各民族体育活动方式的延续和保存,是各民族体育运动生命力的再现,它是构成现代体育的"体育文化密码",是历史给予世人的重要体育文化遗产。

中华民族传统体育曾经在世界文化史上留下了光辉的一页,其中许多内容至今仍然具有极高的研究和应用价值。近代以后,就逐渐显得与时代的发展不协调,而与此同时更加符合时代发展和需要的西方近代体育日渐成为近代中国体育的主流。

2. 少数民族传统体育文化

少数民族传统体育是指除了汉族以外的55个少数民族的传统体育,它文化内涵丰富,历史悠久,是民族文化的宝贵财富。但是,对少数民族传统体育的概念定义却始终存在着争论。1986年9月在新疆举行的首届少数民族传统体育学术研讨会上,参会者对少数民族传统体育的概念首次做了研讨,形成以下几种看法。

①少数民族传统体育是各民族世代相传的,具有民族特点的各种体育活动的总称。

[①] 商戈令. 文化与传统 [J]. 复旦学报(社会科学版), 1986 (3): 37-42.

②少数民族传统体育是继萌芽体育后,在古代体育基础上延续下来的农牧时代的产物。因此,少数民族传统体育是指近代体育传入之前,我国各民族就已经有的那些体育活动。

③凡是目前在一些民族地区仍然在流行的,具有民族特色的体育活动内容都属于少数民族传统体育的范畴。

④少数民族传统体育有三个特征:一是民族性,由于各民族的经济、文化水平差别较大,因而形成了风格各异、形式多样、各具民族特色的体育活动内容;二是传统性,在少数民族中长期广泛地开展流传,世代相传;三是体育性,以人的身体活动为主要的运动方式,并以强身健体为主要目的,以锻炼参与活动者的身心和满足参与活动者娱乐需求为目的活动。总之,少数民族传统体育必须是少数民族传统世代相传、具有典型民族特征、以强身健体为目的的体育活动,以上三个特性是少数民族体育的基本属性。

随着对少数民族传统体育研究的不断深入,许多专家对少数民族传统体育概念进行了进一步探讨和总结。付聪在《中华民族传统体育发展探究》中将其总结为:"长期流传在各民族之间的以锻炼身心和娱乐为目的的各种活动和游戏的总和。"① 韦晓康提出:"少数民族传统体育是一种文化现象,是我国少数民族传统以民族或一定地域为单位,长期开展并因此而具有传统和民族、地方特色的各种体育活动。"② 专家学者全方位的归纳,全面诠释了少数民族传统体育的内涵属性。

二、南诏大理国体育文化

南诏大理国体育作为一种社会文化,是南诏大理国统治者在生产实践、军事活动、经济文化等社会发展过程中利用体育进行维权统治的文化活动。南诏大理国体育文化是一个颇为复杂的概念综合体,涉及历史学、体育学等学科基本学术概念,对其做精确的概念界定,必须先辨清南诏大理国文化、体育文化等单个概念,才能整合形成完整理解南诏大理国体育文化概念。

(一) 体育文化

体育文化是文化的下位概念。在19世纪"体育文化"一词由德国学者G. A.

---

①付聪. 中华民族传统体育发展探究 [J]. 剑南文学. 2011 (8): 323-324.
②韦晓康. 奥林匹克文化·少数民族传统体育文化·差异与融合——福建电视台《走南闯北》栏目奥运特别节目"锦绣民族荟"随记 [J]. 搏击·武术科学, 2008 (10): 68-71.

菲特提出，被学术界广泛认可。他认为体育文化是用科学和美的规律、生命的规律来解释文化的表现体①。体育文化的概念是集中地反映人们对体育生活和体育现象的总体认知，指一切体育现象和体育生活中展现出来的一种特殊的文化现象，能以理论逻辑的形式来反映体育客观发展的历史和人类对体育的认识。对于体育文化的研究，大而言之，指体育运动本身所蕴含的、围绕体育运动所形成的一切物质文明与精神文明的总和；小而言之，又可指体育运动某一方面的文化因素。体育文化作为意识形态的内容，是国家的政治和经济的文化反映，反过来又影响和作用于一定的社会政治和经济。其实体育文化是一种文化现象，伴随人们的身体活动而产生、发展、演变，反映了人类的智慧和思想、政治观念、道德标准、宗教信仰、价值观念等深层的文化理念，体现了当下主体社会文化的政治、经济、文化、思想等诸多的意识形态，是社会风向标及精神象征。

（二）南诏大理国体育文化

南诏大理国文化是从南诏大理国这个概念延伸出来的，南诏大理国文化对边疆民族地区的社会、经济、生活产生了巨大的影响，也是一种特殊的文化形态。不仅映射了南诏大理国的政治特征，也属于历史文化符号，其地域性、民族性、本土性使南诏大理国文化具有独一无二的社会文化特征，其封建性、等级性、传统性又给南诏大理国文化蒙上了政治文化的色彩。南诏大理国文化根植于唐宋时期的边疆白族地区，是南诏大理国时期的社会物质生活、经济水平、科学文化、精神风貌、民族性格与体质的综合表现，遗留下南诏大理国长达数百年政治演变的历史痕迹，是中华民族珍贵的历史遗迹与文化遗存。

从文化形态来说，南诏大理国体育文化从南诏大理国统治者自身利益为出发，出现在各种文化环境中。在巩固政权时，它是统治者利用的武器；在军事战争中，它是强兵练武的主要手段；在宗教仪式中，它是众生祈福的载体；在解决民事纠纷时，它是南诏大理国执法的标准；在庆功享乐时它是主要的娱乐手段。同时，南诏大理国作为一个边疆政权，其统治者身负重任即上需臣服中央王朝的管制，下需安顺民众。所以说，南诏大理国统治者在选择某项南诏大理国体育活动时，既要遵循中央朝廷的律令，又要符合当地白族群众的民俗文化，形成了汉文化和白族文化相融的南诏大理国体育文化形态。

---

①谭华.体育史［M］.北京：高等教育出版社，1988：15.

从文化范畴来说，南诏大理国体育文化同其他文化一样，不是独立的社会现象，不是游离于纷繁复杂的社会活动之外的人类活动，而是深受南诏大理国政治制度、封建社会、生产力发展水平、思想意识等社会历史因素之影响。它为南诏大理国战争、节庆、祭祀、教化、娱乐生活服务，其影响力及出现频率是其他文化不能比拟的。另外，南诏大理国体育文化是南诏大理国体育在其发展过程中的文化反映，是遗留的体育文化符号，映射了南诏大理国的文化特征，代表着在特定时代、特定民族、特定统治阶级下的体育文化特征，标志着南诏大理国地区最高阶级的体育形态。因此，南诏大理国600年的特殊历程创造了独有的南诏大理国文化，南诏大理国体育文化又是其中不可或缺的部分，它一方面承载着南诏大理国文化，另一方面又是民族传统体育传承的载体。

总体来说，南诏大理国体育文化是赋有特殊政治意义，包括了南诏大理国统治者及其治下不同社会阶层在社会生活实践中所进行的体育活动，是南诏大理国地区民族特征的缩影。

综上所述，南诏大理国体育文化概念的界定有广义和狭义之分。广义概念概述为：唐宋时期，一种根据南诏大理国政治与社会发展的需要，与当地白族文化融合而形成的符合当时主流社会需求的特殊体育文化。狭义概念为：南诏大理国政治制度在实施和推进过程中，南诏大理国统治者提炼、承袭、整合白族当地体育的同时借鉴、吸收、融合外来体育项目，从而孕育而成服务于南诏大理国政治制度的民族体育观和一整套的体育思想理念。判断南诏大理国体育文化标准，第一是时间要素，南诏大理国体育项目必须存在于唐宋时期；第二是空间要素，南诏大理国体育项目必须存在于南诏大理国管辖地区；第三是人物要素，组织者必须是南诏大理国统治者，实践者为南诏大理国统治者或当地民众；第四是政治要素：南诏大理国体育必须符合统治阶级利益，服务于南诏大理国政权统治，既要遵循南诏大理国的令制，又要符合当地的民俗习惯。四个要素紧密联系，形成判断南诏大理国体育文化的重要标准。同时南诏大理国体育文化具有军事特征、依附特征、阶级特征、独享特征、地域特征、包容特征、示范特征、行为特征、传承特征、变迁特征、民族特征、时代特征等（图3-1）。

第三章 南诏大理国体育文化构建

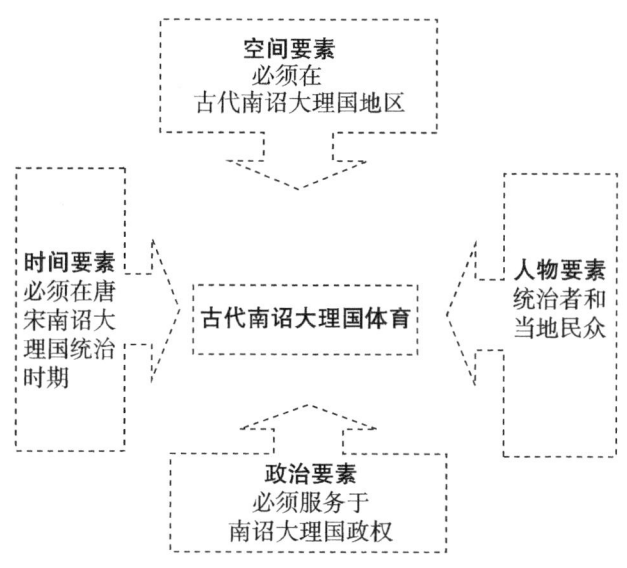

图 3-1 南诏大理国体育文化形成四要素

第二节 南诏大理国体育文化的结构

一、文化的结构

在文化研究中,结构分析是一种普遍采用的方法。英国文化人类学家、功能学派创始人马林诺夫斯基根据文化的功能,将文化分成四个方面:物质设备、精神方面的文化、语言、社会组织。① 马林诺夫斯基的弟子、社会学家和人类学家费孝通把这种划分称作"人文世界的四分法"。他指出不用要素、部分等等名词来分析文化而用需要。费孝通在马林诺夫斯基的文化框架中分列出三类不同层次的需要:基本(生物)、派生(社会)、整合(精神)三个层次。②

文化层是同类性质的文化要素(或特质)的聚合,亦可看作是文化特质丛即文化丛,在中国文化研究中经常被采用。美籍华人学者余英时主张:"文化变迁可以分成很多层,首先是物质层次,其次是制度层次,再次是风俗习惯层次,

---

①马林诺夫斯基. 文化论 [M]. 费孝通, 译. 北京:中国民间文艺出版社, 1987:4-8.
②费孝通. 从马林诺夫斯基老师学习文化论的体会 [M]. 天津:天津人民出版社, 1996:21-28.

最后是思想与价值层次。"①李亦园把文化分为三个层次：物质文化或技术文化、社群文化或伦理文化、精神文化或表达文化。他进而提出可观察的文化和不可观察的文化，物质文化、社群文化、表达文化属于前者，而后者指的是文化的文法，为每一个文化内在看不见的部分②。中国大陆学者冯天瑜在研究中华文化过程中将文化划分为四个层面：物质文化、制度文化、行为文化、心态文化（意识形态）。心态文化包括社会心理即所谓"大众心理"或"俗文化"和社会意识形态，而社会意识形态又区分基层意识形态，如政治理论、法权观念和高层意识形态，如科学、哲学、艺术、宗教③。

除马林诺夫斯基外，以上几位学者都是研究中国文化的专家，他们对文化层面的看法大同小异（表3-1），为笔者研究中华民族文化特别是少数民族传统文化的结构提供了可资借鉴的范式。

表3-1 五位学者的分层文化结构表

马林诺斯基	费孝通	余英时	李亦园	冯天瑜
物质设备	基本（派生）	物质层次	物质文化或技术文化	物质文化
语言社会组织	派生（社会）	制度层次	社群文化或伦理文化	制度文化
		风俗习惯层次		行为文化
精神方面的文化	整合（精神）	思想与价值	精神文化或表达文化	心态文化（意识形态）

构建南诏大理国体育文化理论，其价值在于突出南诏大理国政治制度在南诏大理国体育文化形成中的重要功能，在于揭示南诏大理国体育文化形成的一般规律。南诏大理国体育文化由哪些要素构成？它们是如何划分的？南诏大理国体育文化以怎样的形态传承？这里借鉴文化的四元结构理论，将南诏大理国体育文化以行为文化层、制度文化层、物质文化层、精神文化层四层次展开论述，进一步阐述了南诏大理国体育文化的内在结构。

---

①余英时. 从价值系统看中国文化的现代意义[J]. 文化：中国世界，1987（3）：88.
②李亦园. 我的人类学观：说文化[J]. 社会人类学讲演集，1978（2）：54.
③冯天瑜，何晓明，周积明. 中华文化史[M]. 上海：上海人民出版社，1990：33.

二、南诏大理国体育文化的结构

(一) 南诏大理国体育的物质文化层

物质文化层主要指人们实践、生产、劳动所创造的物质实体的文化事物。南诏大理国体育的物质文化层是指南诏大理国统治者利用体育活动来维护政权所呈现出的物质文化形态，目的是满足南诏大理国国家统治的需要，它是具有物质实体的载体，是整个南诏大理国文化存在与传承的物质基础。南诏大理国体育活动的资源需求，形成了大家能看到、感知到的表层南诏大理国体育物质文化现象，直接反映了南诏大理国社会中体育发展的状况，也展示了人们智慧、才能、价值、观念等一系列的客观物质载体，是体育发展中硬件设施的直观体现，也是体育文化发展水平的有力见证。

(二) 南诏大理国体育的制度文化层

制度是社会实践发展中人们的统一认识，也是同一地域的行为规范。制度文化以物质条件为基础，受经济活动制约。在西南边疆南诏大理国统治地区，以南诏大理国统治者的意志为主，居民们在进行体育活动时，潜移默化地形成了各种限制、规范、约束自我和他人的体育文化制度。南诏大理国时期形成的特殊制度体系，纵观其特征可概括为：成文法、习惯法兼容并蓄，既有南诏大理国统治阶级所颁布的成文法，又有大量不成文的习惯法。立法依据多为数百年来形成的并被公众所默认的传统规范。主要是遵循国家制定的法令，还要依据民间存在的风俗习惯，自行制定一些规则用于调整其内部关系，这样的制度惯例也如法炮制在体育行为中。在社会实践中逐步形成的南诏大理国体育文化，是统治阶级政治需求所决定的，导致南诏大理国体育的参与形式、裁判规则都反映出强烈的阶级性。在南诏大理国人们受政治、文化、经济的影响，养成常年参与体育活动的风俗习惯、传统礼仪、社会组织形式、规范习惯、竞赛制度、法规等。南诏大理国统治者统治下的体育文化有着较为鲜明的制度文化，影响限制着南诏大理国不同阶层的体育形态。

(三) 南诏大理国体育的精神文化层

精神文化是指人们的文化心理，如政治思想、道德、伦理、意识等看不到、摸不着，却又是核心理念的意识形态。南诏大理国体育的精神文化层面是南诏大理国体育文化形成的精神创造部分,依附于南诏大理国政治制度,终极目的是为了维护南诏大理国政权,是南诏大理国体育文化得以发展承袭的主导因素。

南诏大理国统治者的体育意识及体育目的是南诏大理国体育发展的原始动力。例如,南诏大理国统治者需要军事体育来练兵打仗、保疆卫国,于是白族武术、骑射、象术等军事体育成熟发展,备受重视;南诏大理国需要世袭统治大权,必须先保证百姓身体健康,便借用民族武术、狩猎等民间体育来增强百姓体质,以保安居乐业、民平境安;南诏大理国需要缓和统治者与被统治者双方的关系,就利用节庆祭祀中的火把节、绕三灵等节日宗教体育来安抚民心,组织举办顺应民情的体育活动,解决矛盾冲突,从而为维护其统治地位保驾护航。因此,南诏大理国体育的精神文化更多呈现了南诏大理国统治者的体育理念与价值观。南诏大理国体育理念就是统治者利用符合自身利益的体育活动来维护统治的一种意识观念,始终代表着南诏大理国统治者的思想及最大利益化。

(四)南诏大理国体育的行为文化层

行为文化层是人际交往中约定俗成的以礼俗、民俗、风俗等形态表现出来的行为模式、生活方式、生产形式及各种风尚习俗,能促进文明、文化以及人类社会发展的经验及创造性活动。通常也可以把生产力称为技术行为、语言称为符号行为、伦理称为政治行为。在行为文化中加入体育元素,形成体育行为文化在本质上是一种基于主体的体育自觉行为、学习行为及仿效行为。

结合以上行为文化、体育行为文化的概念定义,再联系到本书的核心论点"南诏大理国体育",就可以把南诏大理国体育行为文化理解为:南诏大理国体育活动中的习惯性行为,具体指南诏大理国统治者及其统治下不同社会阶层在社会生活实践中所进行的体育行为模式,包括南诏大理国体育运动的组织形式、技术技能以及进行体育教学活动的教学、从事体育训练的方法。

南诏大理国体育的行为文化还充分体现在南诏大理国体育项目技能、技术形成及演练过程中。南诏大理国中存在着较为特殊且残酷的军事体育训练方法,就是南诏大理国体育行为文化中社会发展的经验及创造性活动,隐藏着南诏大理国统治者专制野蛮的行为文化特征。

因此,南诏大理国体育文化行为属于典型的行为文化模式,体现鲜明的体育行为风尚,符合南诏大理国政治制度的行为模式,并与之形成良性互动,对南诏大理国及统治下百姓生理、心理健康有积极的促进作用。

综上所述，通过分析论述南诏大理国体育的物质文化层、制度文化层、精神文化层、行为文化层，由表入里，由浅入深地揭示了南诏大理国体育文化的发展脉络。从物质文化层审视了南诏大理国体育文化的表层形态，然后通过制度文化层过渡到核心层面——精神文化层，逐层剖析南诏大理国体育文化的标准、价值、目的及意义。四者构成一个完整的有机整体，清晰地向读者呈现了南诏大理国体育文化的精髓及符号。

第三节　南诏大理国体育文化的特征

南诏大理国体育文化具有特殊的形态特征、规则、制度、功能结构和组织方式，是南诏大理国历史中特殊的符号和标记。那么南诏大理国体育文化独特之处在哪？它与其他体育文化又有怎样的区别呢？就其特征来解答以上问题，能清晰阐明南诏大理国体育文化区别于其他体育文化形态的本质。

一、典型的政治军事特征

南诏大理国统治者重视军事训练，形成了以军事体育为主体的体育文化。白族武术常作为主要军事训练内容，以此来提升士兵的实战能力，从而也使得这一阶段成为白族武术发展的高峰时期。使南诏大理国统治者大力推崇军事制度的同时，也带动和促进了白族武术、骑射、象战等体育活动的发展和繁荣。以政治军事为主导，是南诏大理国体育文化与其他体育文化的不同之处，这种与众不同，是南诏大理国体育文化最显著的特征。

南诏大理国体育文化是南诏大理国封建制度的衍生物，分析它的本质特征不能离开这个前提。南诏大理国体育文化依附南诏大理国政治制度而产生，古语"皮之不存，毛将焉附"的含义隐射了南诏大理国体育文化的依附特征。总而言之，南诏大理国政治制度的推行造就了南诏大理国体育文化的产生，并随着王朝的灭亡而终结。南诏大理国体育文化所表现的依附特性在以下案例中有充分体现。

南诏大理国有严格的军事制度，实行"全民兵制""团练兵制"，规范的南诏大理国军事制度保证了士兵军事训练的质量并无形推动了军事武艺的发展。南诏大理国军事体育依附于严谨的军事兵制，白族武术、骑射、摔跤得到了突飞猛进的发展，这些南诏大理国体育项目依附于南诏大理国的军队制度，服务于"抗御外敌、保疆守土、维护其世袭统治地位、捍卫政权"的政治目的，在南诏大理国政治制度推行初期地位较高。但随着其军事制度的瓦解，使得这些服务于军队战事之需的军事武术项目也随之逐渐融入民族武术之中。

二、森严的封建等级特征

南诏大理国是我国封建时代边疆地区的民族地方政权，具有厚重的封建色彩及神权和君权统治的意味。南诏大理国统治者为维护自身等级特权，在南诏大理国实行严格的等级制度，并制定了完全代表统治阶级利益的法规、礼仪和道德。倡导官家永远是统治者，百姓永远是被统治者，南诏大理国王室的血统比百姓高贵的封建思想观念。如此森严的等级制度为维护封建南诏大理国政权起到很大作用，南诏大理国统治者在衣食住行、婚丧嫁娶等生活的方方面面都显示出其尊贵的地位。当然，在体育方面也不例外。统治者利用手中特权，限定民众的体育活动内容，并以体育活动区分身份等级。

南诏大理国体育文化所表现出来的封建特征尤其明显。詹全友教授在《南诏大理国文化》中认为："当地的南诏大理国体育文化内容是变动不羁的，可以划分为原始社会时期的体育文化、封建社会时期的体育文化、半封建半殖民社会时期的体育文化，以及社会主义时期的南诏大理国体育文化等。"[①] 由此可见，各个时代的体育文化代表着当时的体育发展水平，南诏大理国体育文化的时代性也间接呈现了南诏大理国封建时代的体育形态、体育内容、体育精神，推陈出新的时代特征。总之，森严的等级制度导致了南诏大理国体育中出现不同等级的人选择不同种类的体育活动的现象。南诏大理国的封建等级制度使南诏大理国统治者拥有至高无上的特权和威慑力，对延续数百年的南诏大理国体育产生了深远的影响。因此，南诏大理国体育文化反映出封建等级特征。

三、天然的传承变迁特征

南诏大理国体育文化是一种综合性的民族文化，它包含着南诏大理国百姓的价值观、伦理道德观、审美观以及人们的行为模式，从古到今对边疆地区的教育有着重要影响，同时也是学校教育不可或缺的内容之一。南诏大理国体育在早期教育中，是通过以舞蹈的形式得以实施的体育活动，这类体育教育在学校教育尚

---

① 詹全友. 南诏大理国文化 [M]. 成都：四川人民出版社，2002：112.

未出现之前就已萌生。在没有文字和书本的时代，这种教育主要靠口传心授、对身体动作的模仿来进行，由此而产生了一些有趣的游戏。另外，在祭祀庆典中也通过巫师传授某些技能，传授礼仪习俗及部落历史知识，而下一代也会自觉地或在督促下进行模仿学习。这种教育是部落下一代获得技能和知识的唯一途径，也是南诏大理国体育得以延续发展的重要原因。

以身体动作为主要传承形式的体育文化，是世代相承的一种文化现象，它属于非典型的语言文字传承，在其发展过程中显示出规律性和稳定性。体育民俗多以其合理性赢得广泛认同且代代相传，这种传袭和继承性特征，是体育民俗的传承性标志。白族武术、赛龙舟、赛马等曾在南诏大理国地区发展较好的体育民俗活动，都是各民族体育的代代传承的结果。此类活动在南诏大理国统治之前已很盛行，虽然在历史进程中政治制度发生了变化，但旧俗附载于体育活动中依然被传承下来。

南诏大理国建立之时产生了新的政治形态，统治者为了取得当地百姓的认同和信任，稳定其刚获得的统治地位，一直遵从、传承当地风俗，保持各民族的传统文化及民间习俗不变，以此拉拢百姓，稳定民心，提倡"顺应民意、随俗而治"，为了维护自身统治利益促进南诏大理国体育传承与发展。南诏大理国体育文化主要的传承途径是以符号或物化的形式流传下来，这也是后人对前人所创造的体育文化成果进行吸收、推进、继承。使其息息相通，一脉相连，绵延不绝。

文化变迁是指文化内容或结构的变化，通常表现为旧文化的改变、新文化的增加、文化与文化之间的传播或是文化自身的创造。体育文化变迁是指后辈通过自己的体育文化活动来继承前辈所创造的体育文化成果，并在新的历史条件下从事新的体育文化创造。促使体育文化变迁的原因，一是社会内部引起的，例如政治制度的改变；二是外部引起的，由自然环境及社会文化环境的变化和迁徙或与其他民族的接触所致。南诏大理国的建立、发展、变化使其体育亦随之也产生内外部的变迁。例如，一旦战争爆发，南诏大理国地区的农民变为士兵，马匹成为战马，立即形成兵民一体。民众无战时农耕，有战时则变为兵，这样的身份变迁是南诏大理国统治者的军事需要。又如，南诏大理国体育中的狩猎、骑射等活动，在南诏大理国战争的时代背景下，由主要满足的精神需求逐步演变为满足政治斗争、军事斗争的需求，随着南诏大理国社会的经济文化发展，狩猎、骑射逐渐向娱乐性质变迁。

另外，由于南诏大理国军事政权的瓦解，南诏大理国曾推崇的南诏大理国军事体育——白族武术、骑射,逐渐演变成群众喜爱的少数民族体育;南诏大理国统治者在民俗节日举办的耍火把、赛龙舟等民间娱乐体育,真正融入边疆体育文化中;南诏大理国注重教化的体育活动,如礼射,随南诏大理国的衰亡,最终成为古代体育历史。

不同时代、不同社会背景和不同政治制度,导致南诏大理国体育文化不断发生变迁异化。南诏大理国的消亡使得南诏大理国体育或融入少数民族传统体育中,转化成其他体育形态,极少数南诏大理国体育被艺术取代或失传。因此,南诏大理国体育的融入、异化、消逝都凸显了其变迁的特征(图3-2)。

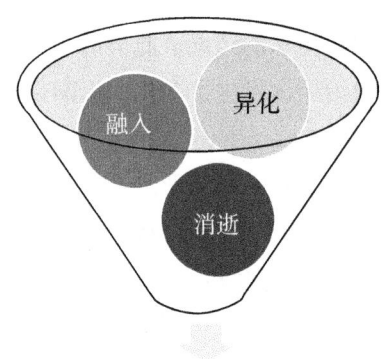

南诏大理国变迁特征

图3-2 南诏大理国体育文化变迁特征

四、淳朴的民风劳作特征

体育作为文化的一部分,往往存在于本民族风俗的形式内,具有相对的稳定性。某个民族相对于周围民族的不同文化特点,正是该民族成员相互认同的重要标识,也是凝聚该族群众的黏合剂,因而特别受到重视。南诏大理国的白族百姓有着自己的行为模式。其族群的存在,正是依托自身鲜明的民风民俗及文化的传承来维系发展的。而南诏大理国体育项目作为体现本民族地方风俗的活动依托于地方文化的传播网络,在经历了几千年的历史变迁之后仍然以强大的生命力流传至今,体现出南诏大理国体育文化与地方民族风俗完美的契合与相互作用,具有地方性的特征。

所谓"北人善马,南人善舟"的俗说,反映了地理环境对人类生活的影响。不同的自然生态环境就会产生不同的体育文化。南诏大理国地区的自然地理环境成为孕育南诏大理国体育的摇篮。长期繁衍生息的生态条件、地理环境和自然条件，对南诏大理国体育文化的发展有很大的影响，因此，南诏大理国体育文化具有特殊的地域特征。南诏大理国体育文化首先就是强调在南诏大理国地区发生的体育文化现象，必然受此地理环境的影响，反映出特定的地域特征。南诏大理国体育文化繁衍生息的地域是西南边疆地区，具有地处边境、地多山险、交通不便等特征。鉴于南诏大理国地区气候条件较为恶劣，特别是地处热带和亚热带地区，气候湿热，瘴气较重，瘴疠毒气，北人南来，危及生命。特殊险恶的地理环境是南诏大理国存在的环境条件，也是孕育南诏大理国体育项目的土壤。例如，古代象战颇为出名，大象在南诏大理国地区被充分运用于军事战争中，象术也可以成为南诏大理国战争时期必不可少的军事技能。但这项技术也受地域限制，只有盛产大象的云南大理地区才能用大象当坐骑并充当打仗的武器。其产生和发展与南诏大理国地区的地理环境有着密切的关联。还有赛龙舟活动在南诏大理国的洱海附近，有充足的河流资源才能盛极一时①。

长期以来，在历史发展过程中，南诏大理国统治下民族都融入了不少汉文化，甚至旧俗也有所改变，但依旧保持着本民族最原始的特征。南诏大理国体育文化是在南诏大理国统治时期，人民社会生活中的文化现象，并表现出鲜明的民族特征。

南诏大理国体育文化的民族特征是与众不同的民族烙印，蕴含着白族的生活习性、思维方式、行为特征、价值观念等民族特征。例如，白族武术具有柔劲，这也充分说明白族人民厌恶杀戮战争、追求和平的民族秉性。可见，南诏大理国体育活动真切地反映了白族的历史文化特征，是代表白族风格的体育形态。

南诏大理国百姓大多居住于大理苍山或丛林地区，多从事以小农经济为主的生产，农耕文化是其体育文化的奠基石。狩猎与农事是南诏大理国百姓生产方式中最为重要的两项内容，经提炼与演变后成为白族传统体育项目。以狩猎为原始形态的体育项目主要围绕着跑、跳、投、攀、射、骑等活动展开。白族的射箭、赛马等投掷类项目均从不同角度反映出狩猎所需的技能、技巧。白族的打跳是根据犁田、插秧、播谷、挑担等姿势编成，用以表现丰收后的喜悦心情，是有关农事生产的较为直观的体现，以此类劳作动作作为元素的体育项目在民间广为流传。

---

① 李莹，李雨衡. 象术运动研究 [J]. 体育文化导刊，2015 (3)：168-171.

五、率真的艺术包容特征

南诏大理国在西南边疆白族聚居区，唐王朝、南诏与吐蕃之间联系密切。南诏大理国体育文化在这样的地域条件和民族环境中生存产生出强大的包容特征。

首先，南诏大理国统治地区大部分流传的民族体育活动，最初运动形态不一致，比赛方式也不一致，在各民族交流融合后，慢慢趋于一致。南诏大理国体育项目的发展，是对多个民族文化兼收并蓄的结果。

其次，南诏大理国，与唐朝和吐蕃之间联系密切。所以说，南诏大理国的体育项目，具有融合多民族的特征，并且深受唐朝和吐蕃体育的影响，形成了汉文化、吐蕃文化和白族文化相融的南诏大理国体育文化形态。

在中华民族几千年的发展过程中，有重文轻武的传统观念，民族个性内敛。而南诏大理国百姓多居于偏远地区，他们朴实、率真的审美观来源于其终日的身体劳作，也因此演化出通过舞蹈、游戏等以身体活动为主要特征的文化艺术，其形式直观外露，且具有浪漫性、创意性特点，是白族传统文化中的一朵奇葩。南诏大理国体育项目为社会提供精神产品，而且更具观赏性与艺术性。这一发展趋势逐渐脱离了过去南诏大理国体育单纯的功利性、实效性特征。例如，白族的霸王鞭就来源于插秧、播谷等农事生产的动作，或来源于战斗场面的动作，逐渐趋向于讲求表演效果，不仅动作含量有所增加，表演身法更加精致，相关的服装、音乐等整体艺术形象都趋于丰满化，所表现出来的强烈的动感、优美的姿态、恰当的节奏、和谐的韵律及深蕴的意境，无一不给人带来强烈的美的感受，充分体现了南诏大理国体育项目的浪漫性和创意性。可以说，能歌善舞是白族文化的外在表现，而这种浪漫主义精神渗透在南诏大理国体育文化之中，成为其基本特征之一。相对于重德崇礼的深沉、凝重尚武的理性与现实，民族浪漫主义特征使南诏大理国体育文化更加丰富多彩。

六、凝重的宗教节庆特征

宗教信仰是白族文化的重要内容，许多体育项目都反映了这一内容，有的甚至直接来源于宗教活动。祭祀和巫术都是原始宗教的重要表现形式，而巫师则是这些活动的执行者，他必须把本民族有关历史、宗教、道德、风俗、礼法等内容最终以身体活动的形式表现出来。南诏大理国体育文化蕴含民族宗教信仰，一方面因民族宗教信仰的不断继承而得以保存和强化，另一方面则随民族宗教信仰的不断演变而得到修改和发展，使文化本源不致因时代的变迁而被遗弃于古代文明的废墟中。

南诏大理国体育没有独立存在过，而是和军事、农作、生活密切相连，在漫长的发展和演变过程中，逐渐朝着竞技化和表演化的方向发展，出现娱乐化趋势，并依靠民间赛会和节令活动得以开展，依附民俗习惯得以沿袭。民俗是由于各民族生活在不同的自然环境和社会环境中，经过长期的生产和生活，逐渐形成具有自己民族特色及民间传承习俗。节日民俗中的南诏大理国体育是民俗的一种独特的表现形式，具有非常浓厚的民族文化色彩。白族有着众多的民族节日，这些节日民俗随着社会的发展与人们的生产活动、纪念活动、社交活动和文化娱乐活动及民族间交往活动有着密切的联系。虽然各民族的节日民俗从时间上、纪念意义上、活动内容上不尽相同，但把南诏大理国体育作为节日民俗的一项重要内容却是相同的，节日民俗与南诏大理国体育之间的这种亲缘性也正是二者互动发展的原动力。

七、浓重的尚武行为特征

体育行为是人类有目的、有意识地利用各种手段和方法，为满足某种体育需要而进行的活动。它是一个比较宽泛的概念，即凡是与身体发生联系的活动，都可称之为体育行为。南诏大理国统治者及民众所进行的身体活动方式就是南诏大理国所呈现的体育行为特征。南诏大理国体育行为的产生和发展既受行为者生理、心理条件所制约，又受南诏大理国外界环境包括自然环境、社会文化环境的影响。古滇南诏大理国体育既包括身体运动方式，也包括体育的组织、管理、宣传、教学、消费、观赏等方面的行为活动。例如，南诏大理国武术的行为特征体现在四个方面：第一，南诏大理国统治者以武健身所表现的运动行为本身；第二，南诏大理国统治者以武练兵表现南诏大理国的军事体育行为；第三，南诏大理国统治者引领治下形成"习武风潮"是南诏大理国的政治体育行为；第四，礼射表现了南诏大理国的教育体育行为，也属于授礼活动。因此，南诏大理国体育文化在发展过程中凸显了多样化的内容特征。

祭天和尚武是南诏大理国体育文化中一对既矛盾又统一的文化特征。祭天来源于古代白族对自然界中难以解释的现象产生的主观认识。当时的南诏大理国百姓所处的生存环境险恶，处于对自然，即"天"的惧怕、崇拜、祈望与要求，在南诏大理国的身体活动中随处可见自然崇拜的遗迹。而尚武则是白族长期以来对大自然生生不息的抗争中本能地养成的顽强精神。祭天和尚武的同时出现反映了南诏大理国白族人民顽强、理性、富有斗争精神的民族特性，是其文化中民族个性与精神的展现。

中华民族自古以来就对品德操守和行为规范有着非常严格的要求。"重就诺，轻生命""赴汤蹈火，死不旋踵""勇无礼则乱""练武先练心，百艺德为首"，这些都是祖先根植在世人头脑中的民族传统信念。南诏大理国白族承袭了先祖的遗风，有武德操守，还有白族武术中所体现出来的对于本民族英雄的纪念与崇拜，种种迹象都指向同一个事实，就是在以身体活动为表现形式的南诏大理国体育文化中，处处体现着白族人民对传统道德的遵守与看重。重德与崇礼是南诏大理国体育文化深沉而凝重的一面。

综上所述，南诏大理国体育文化在南诏大理国政治制度的影响下，突出了战争防御色彩、封建等级色彩，形成了显著的军事武术特征、绝对的依附特征、明显的地域特征、阶级特征、示范特征、包容特征、变迁特征、传承特征、行为特征、时代特征、民族特征等历史特征。鲜明丰富，独树一帜，这样的典型特征将其区别于其他形式的体育运动。可见，数百年的封建制度对南诏大理国地区的体育文化产生了极其深远的影响（图3-3）。

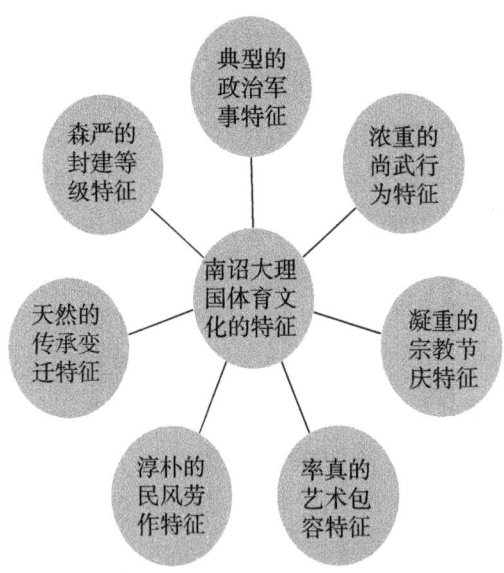

图3-3 南诏大理国体育文化的特征

第四节 南诏大理国体育文化的本质

探寻南诏大理国体育文化的本质，必须先确定南诏大理国的社会特征。本研究从南诏大理国社会的特殊背景来解读南诏大理国体育文化的本质。南诏大理国体育文化最原始且最重要的内涵其实是其产生、发展、消亡都必须依附在南诏大理国社会形态之上。南诏大理国体育受南诏大理国社会形态的影响，前者依附于后者。南诏大理国体育的产生、演变、发展、消亡是以南诏大理国社会的政治、经济、文化、艺术、军事需要为基础的，为其服务并且受南诏大理国统治者的主观意识控制和支配、制约。这些特性凸显了南诏大理国体育文化的本质内涵。

第五节 南诏大理国体育文化的类型

从研究类别来看，南诏大理国体育文化是民族文化研究的一个分支。它与南诏大理国社会的众多社会活动紧密相连，其产生、发展与消亡都与南诏大理国政治体系息息相关。因此，在南诏大理国社会发展、繁荣、衰败的历史进程中，一切对南诏大理国社会发展产生作用和影响的文化因素，都是南诏大理国体育文化的研究内容。然而，南诏大理国体育文化受政治文化、社会经济形态的制约，以及生态环境的影响等，各种因素的长期交互作用，于是就形成了南诏大理国体育文化的类型。

美国学者朱利安·斯图尔德认为，"文化类型"指不同民族文化之间的本质差异。依据"文化类型"的主旨来讨论南诏大理国体育文化类型，可从功能特征、地域特征、民族特性、形成方式、活动主体等存在差异中进行分类[①]。在实地调研和文献搜集的基础上，对南诏大理国体育项目进行研究后，依据功能分为五类：南诏大理国军事体育、南诏大理国节庆体育、南诏大理国礼教体育、南诏大理国宗教体育、南诏大理国娱乐体育。

一、南诏大理国军事体育

南诏大理国军事体育指南诏大理国统治者为取得战争胜利，主动利用当地的

---

① 朱利安·斯图尔德. 文化变迁论 [M]. 谭卫华，罗康隆，译. 贵州：贵州人民出版社，2012：36.

白族传统体育进行军事训练的项目，如武术中的白族拳、郁刀、浪剑、骑射、象术等，这些南诏大理国体育项目服务于南诏大理国战争，为南诏大理国抗御外敌、保疆守土、维护其世袭统治地位、捍卫南诏大理国政权因而被统治者极度重视，南诏大理国军事体育起到了安土保境、巩固政权的作用，因此地位较高。

二、南诏大理国节庆体育

南诏大理国世世代代居住民风淳朴的白族居民，每逢白族节庆日，各村寨的白族群众就会自发以村为单位从四面八方赶来庆贺，比如三月街、耍海会、绕三灵、蝴蝶会、栽秧会、鱼潭会都是南诏大理国白族盛大的节日，历史悠久，白族群众在节庆日聚集在一起举行霸王鞭、龙舟、赛马等南诏大理国节庆体育活动。

三、南诏大理国宗教祭祀体育

南诏大理国统治区域民风民俗形态众多，风格古朴，且人人能歌善舞。在宗教祭祀中保存着众多具有浓郁民族特色的体育形态。祭祀中的南诏大理国宗教体育是指：南诏大理国统治者为了达到笼络人心、维护政权的政治目的，借用当地的白族传统体育项目，组织举办祭祀活动。南诏大理国统治者以宗教体育活动为传承本族宗教信仰的载体，一方面为了顺应民众的宗教信仰，祈福求平安；另一方面树立威信，笼络百姓，使治下百姓服从统治。白族"本主崇拜"是其宗教信仰的主要形式。白族将凡是为他们立过功、做过贡献的人，均视为自己的保护神加以崇拜。为了对他们进行祭奠，白族每年都要举行绕三灵、火把节、蝴蝶会、海灯会等传统节庆活动。祭祀仪式为南诏大理国宗教体育文化发展提供平台，反过来南诏大理国节庆祭祀体育又以宗教活动延续南诏大理国体育文化。大理国时期的白蛮信奉佛教，在祭祀活动中，充分体现了滚火龙、耍火把等南诏大理国宗教祭祀体育的重要性。

四、南诏大理国娱乐体育

除了日常的生产的劳作外，人们需要生活娱乐，并在娱乐中进行交往，表达情感。南诏大理国政权作为白族边疆地区的统治者，为了南诏大理国地区的繁荣发展，统治地位经久不衰，于是采取了诸多经济、农业措施来改善边疆民族地区的经济生活条件，使居民群众的生活质量得到改善。在唐朝时期，南诏大理国地区出现长期的稳定繁盛，形成阶段性的安逸生活形态，居民丰衣足食，农闲后有一定的自由支配时间。娱乐是人的一种本能需求，也是人类社会生活不可缺少的一种调剂。平稳的生活环境使人们有了追求生活和娱乐享受的条件与需求。为了达到放松和娱乐目的，休闲民俗体育活动开始在南诏大理国地区蓬勃发展，成为南诏大理国统治者、居民群众消闲娱乐的重要方式。南诏大理国世居的众多白族，遗存下来众多具有白族特色的民间体育活动，其历史悠久，精彩纷呈。这些独特丰富的民族体育资源使得民众能够参与各具特色的体育活动。例如，狩猎、打歌等，从而推动南诏大理国地区民间民俗娱乐体育的广泛开展。

南诏大理国体育的娱乐功能概念，不具有单一性。例如，赛龙舟是南诏大理国祭祀时的宗教体育，但同时也是南诏大理国民间盛行的民族体育，表现了南诏大理国体育功能的多元性。

五、南诏大理国礼教体育

南诏大理国统治集团强制其王室弟子须入学习礼，又以儒家"六艺"为办学之本。"礼、乐、射、御、书、数"为"六艺"教育的核心内容，其中射箭、驾车就属于体育技能，是孔子进行体育教育的重要内容，它受限于"礼"，而又以独特的体育教育方式存在于儒家教育思想之中。南诏大理国时期的统治者在教化中以儒学为主，也就此产生了礼教体育即统治者为了统治百姓在南诏大理国王室弟子中推行儒学教化所宣扬的礼射、投壶等体育项目，推广汉族体育文化。文教制度为南诏大理国继承人接触儒学思想提供了保障。

本章小结

南诏大理国体育文化受政治文化、社会经济形态的制约，以及生态环境的影响等，各种因素的长期交互作用，于是就形成了南诏大理国体育文化的类型。按照社会功能，南诏大理国体育可分为军事体育、节庆体育、礼教体育、宗教体育、娱乐体育。

第四章
南诏大理国体育文化产生的源流

南诏大理国具有悠久的历史，只有充分认识、深入研究南诏大理国古往今来的体育文化现象、特质，把握其发生、发展的原因及规律，才能实现系统整理的目的。通过对南诏大理国体育的多方位的研究，笔者发现，南诏大理国体育的产生并不是单一的、孤立的现象，它依附于民族文化的广阔背景，因而形成南诏大理国体育产生的多渠道性。概括地说，南诏大理国体育文化大致有以下起源论。

第一节 源于百姓生存的需要

谈及南诏大理国体育的起源，必须追溯到南诏大理国时期，封建教育兼有传授知识、教导社会规范和引导动作技能技巧及审美等多种功能，并且和劳动实践保持着密不可分的联系。南诏大理国原始生产由于力低下，生活艰难、简陋，百姓饱受野兽侵袭和饥饿折磨，必须依靠采集、狩猎、捕鱼等活动来维系生存和繁衍。在长期的采集、狩猎、捕鱼等生产活动中人们逐步总结了一系列的经验，这其中的一些生产活动衍变而形成了原始形态的南诏大理国体育项目。这些体育活动内容都直接反映了当时人们生活生产的需要，是生存能力的具体体现，是生产生活的组成部分。如"射弩"，原是狩猎的重要手段。由于长期的迁徙及地域生存特点，少有定居农耕形式，采集、狩猎成为西南地区民族生存的主要形式，靠弩射杀猎物，维持生计，逐步发展衍变成为白族喜爱的传统体育活动。南诏大理国白族男子从14岁起就开始练习射弩，随长者上山打猎，节日期间的射弩比赛在南诏大理国白族各村寨十分盛行。比赛时有平射、直射、高射、射果子、射树叶、箭射。南诏大理国白族的神箭手，可用箭射刀刃，一箭射出，正中刀刃，将箭杆和箭尖都劈成两半。南诏大理国体育活动源于生存的需要，生存造就了生产生活技能的产生。而这些为生存而产生的各种技能经过历史的演变，最终形成了南诏大理国的传统体育项目。

第二节　源于频繁的战争

对野兽和其他人群的进攻和自卫是南诏大理国社会活动的重要内容。唐王朝统一后，随着周边其他部落的出现，产生部落间的利益冲突，有时需要以武力解决。为了争夺生存空间或复仇就出现了原始的战争。随着历史的发展，由于各民族间的社会发展程度不同，生产力水平相差较大，白族先民为了自身的生存、发展，掠夺他族的人口、财产、生存空间来充实强大自身。而其他民族为了防范外来侵略，保护本族人利益，就开展自卫自救，导致了战争的出现。正如"挥作弓，夷牟作矢，皆黄帝臣"①，"蹴鞠，黄帝所造，本兵势也"②，战争推动武器的发展和战斗技能的演进，对战斗人员事先进行身体和军事技术的训练成为必要的一项工作，这些都成为传统体育发生、发展的动力。在南诏大理国体育项目中，有相当大一部分是从军事斗争中演变而来的。弓射、武舞、骑术等成为当时体育活动的重要内容。故有"十有三年，学乐、诵诗、舞勺。成童舞象，学射御"，"夹振之者，王与大将夹武者振铎以为节也。武舞战象也。每奏四伐。一击一刺为一伐"③，等等。南诏大理国时期，战争的需要直接促进了体育，特别是武艺的发展，还催生了弩射。

南诏大理国军事体育中的很多项目，如象术、射箭、射弩、赛马、武术等训练项目，都曾经在战争中起到过巨大的作用。南诏大理国部落之间的战争是为了能够更好地保护自己所拥有的领地，同时也为了占领其他部落土地、争夺资源和征服其他部落。南诏大理国为了部落能够长期的发展，从而展开无数次的军事战争，掠夺所需要的一切资源，部落之间的战争也可以人类社会特定发展阶段的一种社会现象。在南诏大理国时期的部落战争是统治者政治行为的一种表现形式，也是用来解决不同部落之间的矛盾和冲突，最终能够实现南诏大理国的政治目的。南诏大理国的部落之间的战争为了能够使当时社会发展得更好，能够拥有更多的土地、奴隶，从而巩固国家政权，加强了南诏大理国内部的团结，这也会改

---

① 姚重军. 少数民族传统体育文化研究 [M]. 北京：民族出版社，2004：4.
② 李世宏. 传统教育视角下中国古代体育文化研究 [J]. 体育文化丛书，2018（12）：70.
③ 刘启坤. 少数民族传统体育理论与技能 [M]. 昆明：云南大学出版社，2015：11-12.

变外部关系并使多民族走向了统一,这就是南诏大理国能够强大的原因所在。

9世纪,强盛的南诏国王把扩张矛头瞄准唐朝西南边陲,分别于829年和851年两次主动发起对唐战争,导致越南、四川、广西大部分地区多次易手。凭借着一支出色的军队,南诏在这两次战争中都掌握了战争的主动权。南诏地域之间的争夺是为了能够开拓南诏的领地,从而扩张南诏统治的范围。军队不仅骁勇善战,其屡次攻占并且使这些比较小的部落得到整合后处于南诏的统治范围。地域的战争促进了民族之间的融合,同时也促进了军队军事技能的发展,这就为一些相应的体育活动的出现奠定基础。

第三节 源于宗教信仰需求

宗教信仰极具广泛性、群众性和传承性。我国民族众多,宗教信仰各具特色,宗教信仰不仅是一种个体行为,也是一种民族文化现象。中国民众的宗教信仰始终受制于民族的传统文化。以儒学为主流的传统文化异常强盛,它改造着各种外来宗教,使之世俗化、本土化,以满足民间不同民族之间的不同信仰需求。信仰是指对某种主义极度信服和尊重,并以此为行动的准则。而宗教则可以理解为一种系统的信仰,一种信仰的高级形式。信仰是宗教活动的前提,而禁忌则是信仰或宗教在人们日常生活中的一种表现。宗教与体育相互影响,是人类社会中久远而普通的历史现象、社会现象、文化现象,南诏大理国时期的体育与宗教关系密切,南诏大理国体育活动寓于白族宗教祭祀活动之中。由于历史原因,原始宗教在白族整个信仰中较为广泛和深厚。白族本主崇拜是其宗教信仰的主要形式。白族将凡是为他们立过功、做过贡献的人,均视为自己的保护神加以崇拜。为了对他们进行祭奠,白族每年都要举行绕三灵、火把节、蝴蝶会、海灯会等传统体育活动。

南诏大理国社会发展十分缓慢,经济长期处于原始落后的状态,生产力低下,对日、月、星、辰、风、雨、雷、电、山、川、林、木、火等自然力及自然现象的崇拜就不难理解。但为了生存,民众不得不艰苦地与大自然进行搏斗,对自然万物的神秘化、对超自然力量的幻想,逐渐形成南诏大理国时期白族"万物有灵"的原始思维观念。武术是南诏大理国白族群众在长期的狩猎活动和宗教祭祀中逐步发展、演变而形成的武术动作,最早也是出现在本民族的祭祀活动和丧葬仪式上,表现出庄重肃穆、神秘的祭祀性色彩。射箭在春节间南诏大理国王室围猎仪式上举行，目的是祭"猎神"，根据射箭比试情况，预卜狩猎成果等，说明了宗教信仰与体育的密切联系与渊源。

南诏大理国体育强调对祖先、英雄的崇拜体现出南诏大理国体育文化的价值取向与特色。祖先崇拜是原始宗教极为普遍的一种形式，在南诏大理国社会中，当血统因缘观念形成之后，并得以与神灵崇拜结合在一起，进而形成了祖先崇拜。原始的祖先崇拜是氏族团体的共同祖先崇拜，然后才产生了氏族联合体的共同祖先的崇拜。而英雄崇拜是原始宗教信仰发展后期的一种崇拜形式，凡是对民族、对氏族、对社会等做出过杰出贡献的人或具有重大影响的人，都被作为神或神的象征而加以崇拜。随着社会的发展，每一个民族都会出现一些在重要历史关头扭转乾坤、化险为夷、拯救民族危亡的历史人物，或者是在某个方面、某个领域为民族的发展做出了杰出贡献或取得了重大成就的人物。这些人的才华和表现赢得了人们的尊敬。在各民族的信仰中，虽然对于祖先和英雄大多加以神化，形成很多富有神奇色彩的神话传说，但从本质上讲，崇拜的是"人"而不是"神"，是实际存在过的历史事实而不是虚无缥缈的传说，是崇拜的升华和发展，是人类意识的发展，是民族群体思维的优化。对祖先和英雄的崇拜体现在南诏大理国体育文化上，表现为南诏大理国白族为了纪念自己的祖先或民族英雄，创造出一项集体活动，久而久之，这种活动便成为传统的体育项目。总而言之，在漫长的历史过程中，南诏大理国白族有过对自己祖先的各种祭祀活动，在各自的发展过程中曾出现过自己的民族英雄，都曾创造出辉煌的白族传统体育文化。

第四节　源于适应自然

南诏大理国体育的产生是人类与自然和谐相处的象征，是人类社会对自然适应的体现。人类和自然总是息息相关、密不可分的，人类通过对自然的观察、认知，创造了某些体育项目。据东汉应劭《风俗通义》记载："乌号弓者，柘桑之林，枝条畅茂，乌登其上，下垂著地。乌适飞去，后从拨杀，取以为弓，因名乌号耳。"说明原始人类从自然现象中发现桑柘一类树木的弹力，因而制成了弓箭。刘启坤认为"……为了生活所必需，关联着当时的生产方式。因为初民过着茹毛饮血的生活，他们的生活资料是飞禽走兽，他们的生产方式便是狩猎。因而模仿飞禽走兽的声音和动作，并且也模拟猎取食物时的种种情状，……这种模拟舞，倘行之于事前，大都是狩猎和搏击技术的练习，倘行之于事后，大都是表示衷心的欢悦"。① 早期体育源自人类生产劳动时模仿自然现象、动物形态。1965年后在云南发现的描写白族原始生活的洱海岩画和在各地陆续发现的一些原始岩画中，除球类活动、叠罗汉以及类似军事操练等内容之外，也有不少模仿打猎的舞蹈场面。再如春秋战国时的飞鸢即后世的风筝，当时以竹木制成，称为木鸢，就源于人们对自然风力的认识和想象。"公输子削竹木以为鹊，成而飞之，三日不下。公输子自以为至巧"①。又如武术，追求人与自然的和谐即天人关系。要求顺应自然的思想，要求人与自然的关系和谐，人向自然复归，融化到自然之中。武术表现讲究"精、气、神"，"气"即构成宇宙万物的物质本源，以水、火、木、金、土的生成变化解释宇宙的整体和谐的结构，具体表现在白族武术之中如象形拳、仿生拳等，仿生拳从自然界中抽象和升华出的大量动作姿态，无一不是对自然现象的再现和追求。

文化的发生、发育和演化依存于特定生态环境。动植物、水分、土壤、气候等构成特定的客观环境，作用于人类不同群体的生存方式，形成不同的食物获取方式、生活制度，成为"解释具有地域性差别的一些特别的文化特征及文化模式的来源"②，并且构筑出具有地域性特征的对待自然的价值观念和调节人与自然环境关系的行为模式。大自然创造了人类，白族先人又从大自然中创造出丰富多彩的南诏大理国体育文化。

第五节　源于娱乐需要

物质生活和精神生活都是人类生存的必需，南诏大理国地理位置相对比较偏僻、闭塞，与外界接触较少，大多处于自然纯朴的生态环境之中。生产劳作之余，同样需要体力与精神的丰富和调节，以此满足他们生活的基本需求，南诏大理国白族百姓的体育活动正是在这种身体和心理的需求下而产生的。它们成为南诏大理国白族在闭锁的自然与社会环境中的主要休闲娱乐方式，调节、丰富人们的心理需求，让人们在欢愉的体育活动中，既得到美的享受，又增进了体质健康，同时也常被作为向异性表达情意及寻找配偶的媒介，这些体育活动在白族中至今仍保留着许多的遗迹。南诏大理国体育中对精神生活的展现、对欢悦激情的

---

① 刘启坤. 少数民族传统体育理论与技能 [M]. 昆明：云南大学出版社，2015：14.
② 李长喜，于金兰，周之良，等. 中国大学生百科全书 [M]. 辽宁：辽宁教育出版社，1996：15.

表达其显著的特点是将体育、音乐、舞蹈、美术绘画及其他要素完美的融合，其中伴乐、伴舞民族特色浓郁，许多南诏大理国体育活动可用"体育歌舞"来形容，充分体现了民族团结一致、齐心协力的精神。

南诏大理国体育项目耍火把、霸王鞭、滚火龙等都是顺应人们精神生活、娱乐的需求而产生的，它充分展现了白族群众内在的心理情感和心理需求，充分满足了白族百姓生存、生活、娱乐的基本要求。

第六节 源于民族文化交流需求

南诏大理国，由于生产力水平低下，生存环境险恶，人们无法凭借个人的力量而独立存在，而必须依靠集体的力量，才能求得生存和发展。因此，团结在原始氏族中不仅是一种美德，还是一个氏族兴旺发达的条件。故而人们在狩猎巨兽或是节庆里便会聚在一起欢庆节日、祝贺丰收，其间自然是少不了娱乐活动。同时，享受闲暇、交流情感、展现自我、密切关系（人与人间、族与族间）、繁衍后代等也是体育文化交往的重要目的。久而久之，各民族就把这类具有重大意义和民族精神寄托的日子设定成了固定的节日，定期举行体育活动。这一活动不但能增强民族的凝聚力，也给不同层次的人提供了交往的机会，从而在一定程度上满足了族人社交的需要、爱的需要、成功的需要，充分体现了南诏大理国体育的群众性。通过体育活动，改善了白族群众之间的关系，消除了隔阂，促进了南诏大理国地区经济与文化的发展。白族地区的文化交往和体育活动是相辅相成、互为补充的。可以说，由于文化交往的需求而产生了大量的南诏大理国体育活动内容，同时随着南诏大理国体育活动内容的不断丰富和发展，更加深了白族人民之间的交流。

第七节 源于养生保健的要求

南诏大理国的白族祖先都非常重视养生保健、益寿延年，逐步创立了一套源远流长、内容丰富的"养生之道"。传统养生文化起源于原始氏族社会至殷商时代，人们开始对原始养生术进行理论上的总结，形成了各种养生理论，提出了各种养生方法。如《吕氏春秋》就用"流水不腐，户枢不蠹"形象地告诉人们，要经常从事身体运动，才能保持健康。而老子在《道德经》中则提出"归真返朴""清静无为"等养生理论,奉行导引、吐纳等养生方法。《三国志·华佗传》:"晓养生之术,时人以为年且百岁而貌有壮容。"①华佗尤为重视运动对健康的作用,在总结前人导引术成就的基础上经过自身实践,创编了"五禽戏",开创了我国导引术套路的先河。南诏大理国体育项目——霸王鞭,同样具有强烈的强身健体之初衷,用以锻炼人们敏捷的反映、超人的胆识和健壮的体魄;武术,白族是一个十分重视习武的民族,把勇武看成是"圣行",白族常以练习武术为达到锻炼身体、增强体质的目的;射箭,除用于军事训练以外,它一直是南诏大理国白族百姓锻炼身体、增强体质的传统体育活动。

本章小结

南诏大理国体育是特定民族文化的反映,它同白族的生产方式、生活方式密切相关,是白族群众生存斗争的手段,是体力、心理锻炼的特殊方式,也是南诏大理国体育养生文化的精华。南诏大理国体育文化起源于古代白族百姓生存需要,由于南诏大理国时期频繁的战争,基于南诏大理国时期白族群众宗教信仰的需求,适应自然的需要白族群众娱乐的需求,白族群众情感文化交流的需求,统治者和群众的养生保健的需求(图4-1)。

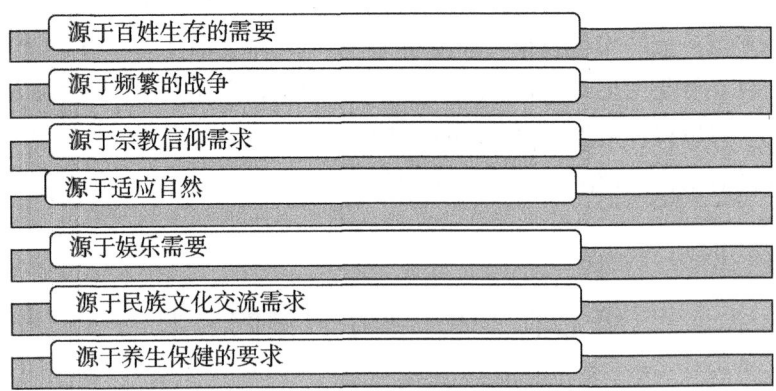

图4-1 南诏大理国体育文化源流

---

①黄渭铭.试论我国传统养生文化的发展历程与理论原则[J].厦门大学学报(哲学社会科学版),1994(4):90-94.

第五章
南诏大理国体育文化发展历程及轨迹

南诏大理国体育文化具有鲜明的民族特点和历史发展的连续性，其发展历程也是中央对边疆少数民族区域统一控制的历史缩影。结合南诏大理国历史、制度、文化、政治等要素，探讨南诏大理国体育文化发展历程、轨迹。任何事物皆有其萌芽、形成、发展直至衰亡的过程，南诏大理国文化亦然如此。在我国历史上，南诏大理国文化可谓历史悠久，源远流长，其间经历了一个动态的渐进过程。在其历史进程中衍生出南诏大理国体育文化。其中，南诏大理国体育文化的依附特征使其发展历程及轨迹必须与南诏大理国政治发展一致，随其发展而兴盛，随其瓦解而消逝。南诏大理国统治者为了自身的利益，利用南诏大理国体育，服务于军事战争需求、政治需求、娱乐需要、教化需求、宗教需求，导致极具民族特色的南诏大理国体育文化与南诏大理国政治发展有了交流融合，从而形成了南诏大理国体育文化特征，这一体育文化经不断演进，在南诏大理国盛行。

第一节 南诏大理国体育文化萌芽阶段

南诏大理国体育文化萌芽时期，是南诏大理国初建时候，统治者为了自身的利益，为南诏大理国文化与当地白族传统体育文化有了互动和发展机会。

一、随俗而治的政治制度为南诏大理国体育文化萌芽提供机会

南诏大理国文化与当地白族传统体育文化融合之初是南诏大理国政治制度刚确立之时。南诏大理国政治制度的产生使当地的白族传统体育有了新的政治制度依附，为南诏大理国体育的萌芽提供了支撑条件。作为新的政治形态，边疆白族地区的统治者及被统治者对南诏大理国政治制度的推行及开展都处于模糊状态，

经历了试探性的接受过程。南诏大理国统治者为了取得民众的认同和信任，稳定其刚获得的统治地位，一直遵从并依照当地风俗，保持少数民族的传统文化及民间习俗不变，以此拉拢百姓，稳定民心。同时，南诏大理国统治者对当地的风俗民情也具有特殊的情感，基本保持民族地区的风俗习惯不变，提倡"顺应民意、随俗而治"。

南诏大理国统治者对承载当地白族文化的体育采取随俗而治的原则。这种不排斥、默许接受的开放态度，使白族传统体育依然存在于南诏大理国的社会生活中，这为两者互动发展提供了较为宽松的外在环境条件，也为南诏大理国体育的萌芽提供了宝贵机会。

二、完整的统治机构设置为南诏大理国体育文化萌芽提供保障

在南诏大理国历史发展过程中，形成了内务系统、行政系统、司法系统、军事系统、监察系统等政务运行系统。这表明，南诏大理国统治者通过逐渐建立、改革、调整、补充内政，已经形成一套自上而下的完整体系。形成了一个以统治者为首的"官家"统治集团。设有一套维护封建统治的政权机构。南诏大理国政务系政务分工明确，政务设置较为完善。

南诏大理国时期的政权机构设置完善，大小属官分工细致。大到上层权力的管理权限、小到底层民众的奴役劳工等，都设置了具体的操作条例。从统治者的角度看，虽然对民众的剥削和劳役统治较为残忍和不公，但从行政管理的角度看，南诏大理国的行政机构设置严密，上下层阶级分工清晰。在这样清晰的职位分工下，使南诏大理国体育的发展有了根本保证和依靠。

总之，随着南诏大理国政治制度的发展，南诏大理国政权机构设置日渐完善，虽然体育还没有明确的职位分工，但是间接地依附在其他的管理职位中，出现了类似"专人专管"的局面，这是在古代难得见到的局面，对南诏大理国体育的发展与繁荣具有特殊的重要意义。所以说，南诏大理国政权机构完善是南诏大理国体育发展的良机，也是南诏大理国体育产生的保障。

三、土地制度的推行为南诏大理国体育文化萌芽奠定基础

南诏大理国推行土地制度，初步形成了稳定的南诏大理国体育人口，为南诏大理国文化和当地白族传统体育文化的互动奠定基础。南诏大理国政治制度是统

治阶级剥削民众的封建制度，但在当时的历史条件下，南诏大理国的土地制度，也是一种相对稳定牢固的经济制度，避免民众因失去土地而大量迁徙逃亡，百姓有安家之所，能较为稳定地世代生活在一个地方，维持了社会的稳定。

其次，南诏大理国时期的民众是进行南诏大理国体育活动的中坚力量。稳定的、广泛的体育群众基础，成为南诏大理国文化的必需品。南诏大理国设置的"士兵制"载："无军民之分，聚则为军，散则为民。遇有战争，每三人或五人出军一名，择其壮者为正军，呼为锡刺，锡刺带兵御敌，余人荷所供，故行军五六万，战者不满二万。"①这种全民皆兵的制度，要求常备兵每年统一练兵习武，这些南诏大理国士兵成为最为稳定的体育人口。

还有，南诏大理国统治区域，每逢民俗节日、宗教祭祀，均举办庆典仪式进行体育活动，通过节令习俗开展民族体育活动进行宗教祭祀，已成为南诏大理国体育主要的组织形式之一。这些盛大的体育活动，依附每个民族的信仰寄托，深得南诏大理国统治者及民众喜爱，群众基础广泛。可见，南诏大理国统治者成为南诏大理国体育的领军人物，治下民众成为体育人口的主力军，以此保证南诏大理国体育的壮大发展。

综上所述，南诏大理国文化与当地白族传统体育文化的互动发展在唐代属于深层交融，虽然南诏大理国统治者持有随俗而治的心态，但两者能相互激励，共同发展，也说明南诏大理国政治制度与当地白族传统体育在历史进程中融合，在具有较宽松的外在环境条件下互动发展良好，相互促进、相互影响。为其融合形成南诏大理国体育文化打下了坚实的基础，是南诏大理国体育文化的萌芽阶段。

第二节 南诏大理国体育文化形成阶段

南诏大理国在军事、宗教、政治、文化等方面为南诏大理国体育文化提供了良好的生存基础及传承空间。南诏大理国政治制度的推行与完善，形成了各个领域较为完整的行为规则，这些规则的实施对南诏大理国文化与当地白族传统体育文化的融合交流起到了重要的作用。

---

①李吉星. 南诏大理国政治与政治制度史 [D]. 昆明：云南大学，2014.

一、南诏大理国军事体育一枝独秀之势

南诏大理国军事制度体现了南诏大理国体育文化结构中的行为文化层。行为文化层是人际交往中约定俗成的以礼俗、民俗、风俗等形态表现出来的行为模式，生活方式、生产方式及各种风尚习俗，能促进文明、文化以及人类社会发展的经验及创造性活动。通常也可以把生产力称为"技术行为"、语言称为"符号行为"、伦理称为"政治行为"。在行为文化中加入体育元素，形成"体育行为文化"在本质上体现人在各种体育文化行为中形成的行为风尚，是一种基于主体的体育自觉行为、学习行为及仿效行为。

结合以上"行为文化""体育行为文化"的概念定义，南诏大理国体育行为文化就可以理解为：南诏大理国体育活动中的习惯性行为，具体指南诏大理国统治者及其治下不同社会阶层在社会生活实践中所进行的体育行为，包括体育运动的组织形式、技术技能培养以及进行体育训练的方法。南诏大理国军事体育发展为成熟的项目，究其原因在于南诏大理国统治者迫于政治需求及军事压力制定了规范的兵事制度，形成基本的南诏大理国军事行为模式，南诏大理国对招兵形式、练兵之法、管兵体制及军事的训练内容和组织形式等都有固定、详细的规定。南诏大理国军事体育中的规定是南诏大理国体育文化中行为文化层显性表现形式，这种行为文化，一方面形成南诏大理国体育的固定模式，另一方面形成一种体育民俗制度。因此，完善的兵制与体育文化深度的融合，形成了南诏大理国军事体育，并凸显其一枝独秀的优势。

（一）南诏大理国严密的军事制度，促进军事体育迅猛发展

在南诏兼并爨氏期间，南诏与爨均属云南土著，保留着部落的奴隶社会的统治结构，其军事制度也较为简单，"兵农合一"成为军事运行的主要体制。邓承礼在《南诏大理国军事史略》一文中对此种体制有较为详细的叙述："南诏政权是一个多民族的军事政治的联合体，军事组织和政治组织是互相结合的，军事长官常常是行政长官。"[①]南诏在协助唐整治爨氏时期，由于加深了与唐的交流，借染指爨氏有利条件，顺利地从唐朝军事管控制度中学习，并对自身军事结构进行改革。"南诏内外算官之下社六曹：兵曹、户曹、客曹、刑曹、士曹、仓曹"[①]。

---

①邓承礼. 南诏大理国军事史略[M]. 昆明：云南人民出版社，1988：21.

这六曹是南诏权力机构的具体执行机构,这与唐朝官制稍同,南诏后期将"六曹"改为"九爽"。

此外,南诏军队分为常备军、乡兵和夷卒三种类型。常备军数量不大,是南诏武装力量的核心。乡兵则是一种亦兵亦农的武装力量,以村邑为单位,按军事需要编制起来,平时从事农耕,农隙进行训练,战时负担兵役。夷卒是指从被征服的各个民族部落中征调而来的士兵。据史料记载,南诏常备军的数量在3万左右,而乡兵与夷卒则可调动12万。南诏最高军事长官一般称为"将军""大军将""诏亲大军将",常为各级军官领有。乡兵系统则根据邑落远近分为四军,"以旗幡分别其东南西北,每面置一将,或管千人,或五百人,四军又置一军将统之"。南诏大理国合理严密的军事制度促进军事体育迅猛发展。

(二)南诏大理国赏罚分明,激励军事体育蓬勃发展

南诏大理国时期经常会发生战事,军队要想在作战时取得胜利,就需要有严明的军队纪律,这样才可以强化军队士兵的战斗力和军队的整体实力,军队的赏罚制度不断地激励士兵进行勇敢杀敌和保卫国家,有利于激励士兵参加军事训练的积极性,形成严明的纪律。

士兵想最快获得财富和实现阶层跃升的方式就是取得军功。南诏大理国的统治者,为了强化自己的政治核心和使军队形成尚武风气,在军队中制定了非常严格的赏罚制度,在军队中赏罚分明,在军事战争中战士们勇敢杀敌,保卫自己的国家。

南诏大理国军队的训练、军法相当严格,行军出征则自带兵粮而绝不允许劫掠。每遇征战,南诏王例派监军,记录军功过失以定赏罚,"诸在职之人皆以战功为褒贬黜陟",由此可见战功和官职及土地是紧密联系的。在《南诏演义》中记载:每逢战事兴起,南诏统治者都会在军队中派遣大贵族担任清平官、军将等,作为军队指挥官和监军。他们的主要职责就是考察士兵在战场上的表现,并以此作为国王日后分封官职和土地的依据。不同大小的战功对应不同等级的官职,而不同等级的官职对应不同的土地赏赐。在军队有功的士兵必会有奖赏,而那些临阵脱逃和不听将令的士兵就必须要受到严厉的惩罚,南诏对士兵逃亡、怯战等贪生怕死行径的处罚尤为严厉。败兵胸前有伤可以被宽恕,若是背后有刀箭伤痕者,则要被再砍一次。相较这种严厉的处罚,偷窃和私自劫掠受到的鞭挞实

属无足轻重①。

严明的赏罚分明中得到士兵各方面的支持，士兵都为自己的军功积极进取，达到提高身份地位的最终目标。南诏大理国军队里的士兵在这种严谨的制度下作战非常英勇，在物质、精神、身体三重刺激下，保卫国家英勇奋战成为士兵的终极理念。数百年前，汉人对羌氏民族性格的"善战死，恶病终"来诠释9世纪南诏大理国的军队风尚一样适用。

由此可见，尚武之风对南诏大理国时期的军队风气影响是非常深远的，赏罚制度分明，不断激励士兵积极参加军事训练，战斗意志顽强无比，大大提高军队作战水平。自段思平执政，每遇战事，均有捷报，说明当时大理国的军事力量不可小觑。赏罚分明的制度也是一个国家尚武之风能够持续发展的主要支撑。

（三）南诏大理国军事训练严格，促进士兵军事体能长足发展

南诏大理国的军事训练较为苛刻。不论是选拔、训练都有一套严格的体系进行管控。在选拔过程中，士兵需经历5次考核才能通过，不论是乡兵、常备军还是部落兵均是如此。"攀登玷苍山为一次上，跳过一丈三尺的坑为一次上，在急流中游水两千尺为一次上，舞剑为一次上，负一石五斗米行军四十里为一次上"②。从这些选拔项目中可以看南诏士兵选拔的苛刻，可以清晰地看出体能训练在战争中初显雏形。

南诏大理国的基层组织是村邑理人处，广大农民生活于村社内，平时耕种村社统一分予份地，同时负有承担主要军事徭役和出壮丁的义务。农闲之余，村民们要接受严格的军事训练，各村都有专门的训练场地。南诏大理国士兵的训练大多数都是集中在百姓农闲的时间，平时大部分的百姓主要是务农，用于生产劳动，只有在闲时才会进行练兵，也会在狩猎，骑马时进行实践训练，这也就成为南诏大理国时期百姓在日常生活中非常重要的一个内容。

南诏大理国将军对士兵的个人机体训练要求严格，军队步兵的体能训练主要是要求士兵掌握学会一些武术动作和技能，身体素质的要求既严格又比较全面，常对士兵机体进行实战与模拟训练。而对军队骑兵的要求则是更为严格，他们必须要学会熟练的马术还要学会马上射弩、马上刺杀、马上战斗等技术。以此可以看出南诏

---

①王文光，尤伟琼，张媚玲. 云南民族的历史与文化概要 [M]. 昆明：云南大学出版社，2018：306.
②唐文坤，杨晨飞. 天宝战争期间唐与南诏体育形态交融研究 [J]. 体育文化导刊，2015（11）：184-186.

大理国军队对士兵的机体训练要求严格,这对南诏大理国军事体育的发展具有长远的意义。特殊的体能训练环境使他们体格更加强壮,在这样的训练常态中南诏大理国士兵的身体素质、体能状况都更胜一筹,作战能力得到较为明显的提升。

(四)南诏大理国军事考核严苛,保证军事体育的优质化发展

史料中对南诏大理国军队征兵标准有明确的记载。选兵时,注重士兵身体体能的考察,要求士兵身体雄壮有力,灵活敏捷,这种选拔方式使军事资源优质化。同时为了扩充军队南诏大理国还大量选取当地百姓参军,增加部队的人数,保证军队兵源足够,在作战时以人数来压倒对方,以此获得较大的优势。

南诏大理国的训练格外严格。史料记载"每农隙之时,邑中有马者皆骑马于颇柱下试习","颇柱"是一种专供训练骑马击剑所用的标志物,"诸城镇村邑,但有空平处,即立木八十尺,刻其上为斗子,中间以墨三寸规之,名曰颇柱。所试人持竹剑,去颇柱四十步外,走马向前,中斗子者为上,中第二规次之,中第一规为下"[①]。在南诏大理国军队中,最基层的乡兵,常年坚持训练,农忙间隙都在自己练习,要求都极为苛刻,且在训练中还有监军检查配备的武器光泽度,来判定是否在余暇时间训练。这种方式不仅能刺激兵丁对于自身技能的长期培养,同样可以唤起兵丁的斗志。这与现代体育训练也有相似之处,军事体育训练也需长时间的磨砺,且需通过测试判定成绩是否提高,并且需要严格按照项目类别进行科学、有计划的训练。

首先,由于地理环境的限制,南诏大理国军队士兵必须适应复杂的地形进行战斗,他们在山地与河流交错地势中所展现非凡的战斗能力。南诏大理国独特的地理环境促进了军队练兵方式的多样化,他们会通过各种狩猎、游泳、竞渡等方式在实践中进行训练,也会在平时不受地形限制的情况下进行常态训练及模拟训练。

其次,南诏大理国的军事作战分工明确合理,而且战争的布局主要是以骑兵在前面冲,步兵则是采用紧跟其后的形式来作战的。能够冲锋陷阵、斩获敌首的则主要是以骑将、骑兵为主,其余追捕、押解俘虏以及打扫战场的任务则主要是由步兵担任,作战时主要是以骑兵为冲锋,步兵紧跟其上的阵型。由于骑兵、步兵在战场上的作用和任务是有所不同的,所以所使用武器也是有所区别的。作战时骑兵主要是以长矛为主,而步兵除了用矛、剑及弓弩以外,也会用防护的盾牌。

---

① 王评. 对南诏国军事体育发展的研究 [D]. 昆明:云南师范大学, 2014.

最后,南诏大理国统治者对打仗时的队形排列及防守非常重视的,队形的排列使军队作战进攻保持有序,在平时训练时也注重队形的演练。这种训练方法不仅能够使部队在进攻作战时更加便于协作,更能使士兵和睦团结,能够全面地提高军队士兵的应变能力,有利于加强南诏大理国军队作战时的整体战斗力。经过数年的历练,南诏大理国军队的管理制度更加完善,士兵在训练中更加刻苦努力,作战时取胜的概率大大增加,表明军事体育训练成效颇大,并影响深远。

综上所述,南诏大理国统治者为了在战争中立于不败之地,便有意识创造各种军事体育训练方式,开展一系列科学有效的军事技能训练,是南诏大理国及军事体育形成、发展的基本保障和重要渠道。

(五)南诏大理国军事武器精良,奠定军事体育厚实的物质基础

南诏大理国早期的箭、弓、弩其制作材料非常简单,大多是由特殊的竹子制作而成。据《云南志校释》记载:"枪、箭多用斑竹,出蒙舍、白崖南山谷,心实,圆紧,柔细,极力屈之不折,诸所出皆不及之。"《酉阳杂俎》卷十八云:"筋竹,南方以为矛,笋未成竹时,甚为弩弦。"《御览》卷九六二引述《云南志》云:"云南有实心竹,文采班竹殊好,可为器物,其土以为枪干交床。"又卷九六三引《竹谱》云:"筋竹长二丈许,围数尺,至坚利,出日南、九真。南方以为矛。其笋未成竹时堪为弩弦。"① 由此可知,在南诏国早期,竹子制作而成的箭、弓、弩等成为该地区主要的兵器。

南诏大理国兵器不断发展,形态多样化。据史料记载,白族军事体育器械主要有五大类(表5-1),主要有用于作战时的勾刺兵器、刚猛的砍劈兵器、杀伤力极强的击打兵器、用于远程发射的远射兵器,还有用于防护的防护兵器,这些兵器在军事作战中都得到了长足的发展。

表5-1 南诏大理国白族军事体育器械

兵器功能	种类			
勾刺	铜戈	铜矛	铜叉	铜啄
砍劈	铜斧	铜钺	铜戚	

①王评.对南诏国军事体育发展的研究[D].昆明:云南师范大学,2014.

续表

兵器功能	种类			
击打	短剑、匕首	铜狼牙棒	八棱形铜棒	镂孔铜锤
远射	铜弩机	铜镞	铜弓模型	
防护	盔	甲	盾牌	

南诏大理国时期勾刺类的作战兵器主要是有铜戈、铜叉、铜矛及铜啄等，这些兵器在战争时是步兵在进行作战时所使用，对士兵的要求是持矛时既要稳也要灵活，用肩来带动手臂来发力，会使矛更加稳定。这对士兵的手部力量要求是很高的。在战争时会普遍用到这类兵器，制造的杀伤力也是非常大的。

南诏大理国时期铜戚、铜钺和铜斧等砍劈的兵器，主要是能够用于力量型的劈、砍等动作。需要战士们要身体协调用力，要同时发力，全身都能够与兵器协调配合在一起，这样才能够发挥它更大的作用。士兵需要劈砍时下肢稳扎，上肢刚猛有力，在进行战斗时还要求战士有较高判断分析能力，不断地使用和训练，这样才能在作战时发挥重要的作用，也能快速提高整体的战斗力，以更精准地进行杀敌。

南诏大理国时期击打兵器主要是近身作战时使用。其中主要有短剑、匕首、铜狼牙棒等。此类的短兵器，一般都是将军和骑兵使用，将短剑佩戴在身体的一侧，在近身作战时可以用作护身和攻击。士兵作战时大部分会使用铜戈、铜矛、铜叉、铜啄这类比较长一点的兵器，有的戈刃横置与柄部是相连接的，不仅可以用于勾杀也可以用于横刺。此类兵器在作战时应用很广泛，因为此类兵器都比较锋利而且都是中长型的，方便使用，操作简单，可攻可守，能够保持与对手之间的距离，有利于保护自身安全。

南诏大理国时期主要有头盔、铠甲、盾牌（图5-1）这三种防护兵器。

头盔在古代也称作"胄、兜鍪"。就如《说文·金部》所说："首铠谓之兜鍪，亦曰胄。"[1]主要的作用就是保护士兵的头部。南诏大理国时期的头盔形状是上小下大，大都呈现瓢的形状，而且它的前部是比较

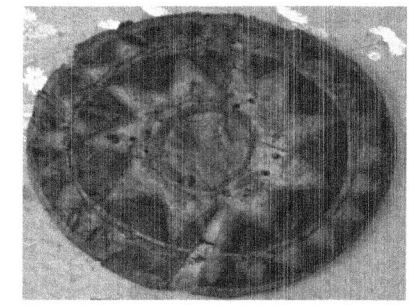

图5-1 南诏大理国时期的盾牌

---

[1]余家赛．古滇国青铜器上体育信息的研究 [D]．昆明：云南师范大学，2014．

长的。铠甲主要是作战时士兵穿着的铠甲，可以防止身体不被器物轻易地击穿。铠甲主要有颈甲、背甲、胸甲以及腿甲，金色的铠甲主要被统治者所用。南诏大理国时期的战争主要是身体之间的战斗，所以这些防护兵器起到了很大作用，可以看出统治者十分注重近身作战时的防护。盾牌的作用主要是用来防护的，因为南诏大理国时期大部分都是近身作战，盾牌就是在一种防护，防止被刺伤，还可以防止远程的攻击，就如一个堡垒，这就足以看出它的作用之大，可以看出南诏大理国在防护武器是极其完备和精良。在《南诏演义》南诏军中的赤夌军战功尤为显赫。赤夌军是一种重步兵，他们装备了犀牛皮制作的坚固轻便的铠甲，头盔漆成耀眼的赤红色，手持长剑和巨盾，在山间移动如履平地。进攻时，将领通常将他们布置在阵列的最前线，充当突破敌军步兵阵线的先头。

综上所述，历史上的南诏大理国统治者都面临抗击外敌、朝廷征调、镇压内患等战事压力。在边远的西南边疆地区南诏大理国统治者相当于"土皇帝"，负有稳定边疆的神圣职责。南诏大理国时期，战事繁多，产生了巨大的军事需求。历代南诏大理国统治者面对战事之乱，都效仿他们祖先做法，积极建设和发展军事武装力量。

（六）汉文化促进南诏大理国军事体育多元化发展

由于当时汉文化在云南边疆大理得到了广泛的传播，并且汉文化也进入了同时期的南诏大理国，这也就使得南诏大理国地域的政治、经济、社会制度、民族关系、军事体育等方面发生了一些非常大的变化。在汉文化的传入后，南诏大理国开始仿效中原王朝进行屯兵和大量练兵，使得士兵的作战能力不断加强。据《新唐书》卷四十四《选举志》记载："又有武举，盖其起于武后之时，长安二年，始置武举。"由此可知，武举制度创立于武则天长安二年（702）。又据《唐会要》卷五十九《兵部侍郎》记载："长安二年正月十七日敕；天下诸州，宜教武艺，每年准明经、进士贡举例送。"[①] 可见当时唐朝统治的地区尚武，习武之风盛行，这种通过考试来选拔人才并授予官职的武举制度，促使唐朝习武之人的不断增多，全社会尚武风气盛行。唐朝的这种武举制度对南诏大理国军事体育的发展影响极其深远。受当时汉文化的影响，促进了南诏大理国军事体育多元化发展。

---

① 王评. 对南诏国军事体育发展的研究 [D]. 昆明：云南师范大学，2014.

综上所述，在严格的军事制度下，南诏大理国治下士兵训练有素、英勇无畏、骁勇善战。历史上还出现了著名"南诏叶兵"，他们身披绿叶，手持长刀与弓弩，穿梭往来于各村寨的深山丛林中射杀敌军。大理国军队中有一支"白衣没命军"，此乃南诏大理国最为精锐的沙场部队，令敌人闻风丧胆。南诏大理国军队组织严密，纪律严格，是为南诏大理国在军事上的一大创举，标志着南诏大理国军事训练形成了一个较为完善的体系。兵制的逐渐完善，促进了白族武术、骑射发展，使军事武艺突飞猛进，形成了南诏大理国历史上的军事体育发展盛况。

二、南诏大理国宗教祭祀体育呈繁花似锦之态

南诏大理国体育文化的四元结构中，精神文化层是南诏大理国体育文化理念的意识形态层面。由于南诏大理国政治制度的需求，南诏大理国体育文化终极目的是为了维护南诏大理国政治制度，是南诏大理国体育文化得以发展承袭的主导因素。南诏大理国统治者的体育意识及体育目的是南诏大理国体育发展的原始动力。

南诏大理国体育的精神文化层面更多呈现了南诏大理国统治者的体育理念与价值观，统治者利用符合自身利益的体育活动来维护统治的意识观念，始终代表着南诏大理国统治者的统治思想及最大化利益。然而，南诏大理国体育的精神文化层是看不到、摸不着的文化形态，但是它却能以宗教为主体，渗透到人们的意识中，最终使南诏大理国宗教制度文化与南诏大理国体育文化融合，不仅确保了南诏大理国娱乐体育在节庆祭祀中的社会地位，也促成了南诏大理国娱乐体育呈现繁花似锦之态。

民间宗教信仰是人类社会普遍存在的文化现象，更是一种悠久的文化遗存，每一民族因其特殊的自然、文化环境，产生了与之相适应的民间信仰。据考证，每一个民族的民间信仰基本上都会伴随祭祀某一特定的神灵，或为祈福供神，或为驱鬼免灾。但无论是祈福还是亡灵祭祀，都需要肢体动作来表达，此时的身体活动就以娱乐体育的形式出现。到了唐宋时期，南诏大理国被统治者注入了宗教"灵魂"，于是"天赋神授"的君权思想就深深存在于民众心中。南诏大理国统治者需要宗教作为精神武器来整合社会意识和信仰体系，实现各民族、部落的统一，达到巩固自身政治统治地位的目的。

南诏大理国统治者本身具有本民族的宗教信仰，必然对宗教体育大力倡导，这种积极推行宗教体育的做法是试图利用宗教体育活动来麻痹民众思想，最终实现剥削阶级的专制统治。宗教祭祀体育活动得到上层统治阶级的倡导和护佑，在

传播的过程中,又反过来竭力维护阶级社会的秩序。这种互补关系,表明宗教祭祀体育活动在南诏大理国社会中占有重要地位。

大理立国,沿用南诏政策,在大力推崇佛教的同时,亦予道教以较高的地位。段素英在位时,开科举取士,"定制以僧、道读儒书者应举"反映了大理国统治者对道教的重视。《南诏野史》记载:"七月中元节,各方贡金银、罗绮、珍宝、犀象万计,牛马遍点苍。"[1]中元节是道教最重要的节祭之一,大理国上下如此看重此一节祭,说明道教在大理国社会生活中占有相当重要的地位。

南诏大理国宗教信仰以佛教为主,极为繁盛,谓之佛国。除此,道教与原始宗教影响亦大。佛教何时传入云南大理至今仍是一个争论不休的问题。南诏时期佛教在云南大理的影响已经非常广泛。根据教义的不同,佛教分为大乘与小乘两大支系。大乘佛教传入中国以后,经过魏晋南北朝而至隋唐,由于教理和修持体系的差异,逐渐形成了三论宗、禅宗、天台宗、华严宗、法相宗、净土宗、律宗、密宗诸种派别。南诏时期,净土、密宗、禅宗与律宗诸宗修持体系均已传入云南大理,而尤以密、禅二宗为盛。

总之,南诏大理国地区宗教制度得到了全民化的实施,为南诏大理国体育文化的保存和发展提供了有利的条件。在宗教观念支配下,各项祭祀体育活动,成了南诏大理国地区各种祭祀、祈福、娱神的载体。南诏大理国统治者利用宗教仪式中的身体活动延续南诏大理国体育文化,利用精神信仰促进南诏大理国体育文化的心理传承。客观上,宗教仪式为南诏大理国祭祀体育发展提供时机,南诏大理国宗教制度也确实保证南诏大理国体育的社会地位。

由此说明,宗教体育符合统治阶级的政治需要,很容易受到统治者的支持。通常先融入平民百姓的生活习俗,然后再融入宗教信仰中,深入民族的深层意识,形成根深蒂固的道德习惯,形成南诏大理国宗教祭祀体育繁花似锦之态势。

三、南诏大理国礼教体育呈百花齐放之态

南诏大理国统治集团强制其王室弟子须入学习礼,又以儒家"六艺"为办学之本。"礼、乐、射、御、书、数"为"六艺"教育的核心内容,其中射箭、驾车就属于体育技能,是孔子进行体育教育的重要内容,它受限于"礼",而又以独特的体育教育方式存在于孔子儒教之中。南诏大理国时期,达官贵人的子弟

---

[1] 倪辂. 南诏野史会证 [M]. 昆明:云南人民出版社,1990:10.

在教化中以儒学为主，也就此产生了礼教体育。统治者在南诏大理国王室弟子中推行儒学教化所传承的礼射、投壶等体育项目。文教制度为南诏大理国继承人接触礼教体育提供了保障。

南诏大理国统治者执行文教制度，融入了汉族儒学文化，促成了南诏大理国教化体育呈现百花齐放之态。南诏大理国统治者认为"教化行而驯服易，伦序明而争端可息"。南诏大理国历任国王十分重视统治地区的思想和文化教育，致力于在统治地区推行儒学教育，进而在意识形态领域内对民众施加必要的影响和进行有效的控制。南诏大理国统治者十分重视对官员子弟进行儒学教化，将入学读书和习礼当作官员袭替的必要条件和必由之路，要求各级官员严格遵照执行。南诏大理国统治者要求官员子弟必须入学读书，接受封建教育，以便为封建王朝的政治统治服务。因此，南诏大理国统治者显然把官员子弟入学当作制驭官员的一种手段，同时，也是推崇儒家大统一思想，为南诏大理国实现统一提供了合理的政治理由。

南诏大理国推广以儒学为核心的文化教育，强化文教制度，随着儒学思想在南诏大理国地区的推广，不仅有利于南诏大理国对统治地区的政治统治，同时促进了经济文化的发展，使这些地区"类皆蛮夷，不知礼仪"的状况发生根本的改变。礼教成为上层统治阶级子弟走上仕途或继承官职的必修课，增强了在白族地区推广儒学的力度，客观上促进儒学的发展。

可见，南诏大理国为了加强对统治区域的控制，以儒学为宣扬社会教化的主体，要求"皆立儒学"，儒学的本质是进行社会治理，强调社会等级的客观存在，调和稳定社会秩序，用以强化统治力量。这是南诏大理国政府实施儒化的统治策略。在南诏大理国儒学教化过程中，这样的举措对礼射、投壶等礼教体育项目发展有了较强的促进作用。

南诏大理国文教制度规范了诏大理国儒家礼教体育的传承制度，真正达到了有效传承。这样的政治影响，使礼射、投壶等南诏大理国礼教体育被赋予了儒学特征。

因此，儒家文化长期成为南诏大理国官方的正统学术，儒学中的"六艺"，即礼、乐、射、御、书、数中的射箭和骑马成为南诏大理国教化体育的核心。其中射、御是技能教育，属体育范畴。儒学在南诏大理国官员弟子之中的兴盛与普及，包括儒学中的体育技能也得到了较大提高。

四、南诏大理国娱乐体育呈独领风骚之势

以"文化四元说"构建南诏大理国体育文化,其中重要因素就是物质文化层。物质文化层主要指人们实践、生产、劳动所创造的物质实体的文化事物。南诏大理国体育的物质文化层是指南诏大理国统治者利用符合统治阶级利益的体育活动来维护南诏大理国政权所呈现的物质文化形态,目的是满足南诏大理国政治制度的需要,它是具有物质实体的文化载体,是整个南诏大理国体育文化存在、传承的物质基础。

南诏大理国经济形态就是南诏大理国体育文化结构中物质文化层的真实体现。没有物质经济作为基础,任何形态的文化都难以生存。南诏大理国体育经济文化形态与其他大多数的文化形态一样,具有不同社会阶层、形成不同体育形态的特征,体现在南诏大理国社会不同社会阶层在生活生产、实践劳动中所创造的不同物质实体文化中,是整个南诏大理国体育文化存在传承的物质基础,也是南诏大理国体育发展的主要动力。南诏大理国经济发展较好,物质基础牢固,形成南诏大理国贵族体育独领风骚之势。

南诏大理国时期是继古滇国以来云南地区经济发展的又一鼎盛时期。在这一时期,南诏大理国的经济呈现出全面发展的态势,农业、畜牧业、手工业等方面均取得了非常好的发展,经济水平的提高使得南诏大理国各地区的文明化程度也得到提升,这就为南诏大理国娱乐体育的蓬勃发展提供了必要的物质前提。

唐宋时期,西南地区先后出现了南诏和大理国两个少数民族地区性政权。南诏政权是在唐朝扶持下建立的,但与唐朝时有争战。随着政治的局部统一,以农业为主的南诏经济迅速发展。尤其是通过战争掳掠了大批汉族人口,通过他们传播了内地农业、手工业的生产技术,对南诏的经济发展与社会进步起了重要的推动作用。继南诏而起的大理国政权,一直与宋王朝保持着较为友好的臣属关系,因而不论本身的经济发展还是与内地的经济文化交流都取得了长足进步。例如,由于闻名遐迩的"云南刀"(大理刀)等优质铁制工具的出现,使许多山田得以开垦,不少地区出现了"居民辏集,禾麻蔽野""溉田千顷""以故百姓富庶"的景象。大理国畜牧业也有了发展,所产的大量马匹曾支援过南宋的抗金战争。除马匹和大理刀外,当时畅销内地的商品还有畜、禽、毡、甲胄、漆器以及麝香等药材。从内地输入的有缯帛、瓷器、沉香、药材、汉文书籍以及各种精巧的手工艺品。这种经济文化的频繁交流与互动,进一步推动了中原与西南地区的社会融

第五章 南诏大理国体育文化发展历程及轨迹

合与进步。

在农业方面,据南诏德化碑碑文记载:"扼塞河潦,高原为稻、黍之田,疏决陂池,下隰树园林之业。"① 这是关于当时治理水患,增大耕地面积的记载。又如赵吕甫说:"蛮治山田,殊为精好";"小麦即于冈陵种之,十二月下旬已抽节如三月";"从曲、靖州以南,滇池以西,土俗惟业水田,种麻、豆、黍、稷不过町疃";"水田每年一熟。从八月获稻,至十一月、十二月之交,便于稻田种麦,三月、四月即熟"②。由此可知,南诏大理国地区已经种植小麦稻谷等农作物,距离滇池较远的各蛮部善于种植小麦、大麦,在滇池周边地区的人们善于种植水稻,并实行稻麦轮作制。樊绰曾在书中记载"二牛抬杠"③说明南诏大理国已经普遍使用牛耕技术和铁制农具。梁建方又说,当时还普遍种植胡瓜、花椒、葱、韭、蒜、菁等蔬菜,种桑养蚕也得到很大发展,达到了"百姓富有五亩桑园"的规模。④

在畜牧业方面,梁建方说,当时已经畜有牛、马、猪、羊、鸡、犬等家畜;⑤《蛮书》卷七记载有猪、羊、猫、犬、骡、驴、兔、鹅、鸭等的饲养,数量达到了"诸山及人家悉有之"的规模⑥。除此之外,在"西洱河诸山皆有鹿。龙尾城东北息龙山,南诏养鹿处,要则取之","象,开南已南多有之,或捉的人家多养之,以代牛耕也"⑦。中有鹿、象畜养的记载,由此可见,南诏畜牧业得到了长远的发展,畜养种类数目之多。宋祁、欧阳修说:"乞托主马,禄托主牛,巨托主仓廪,亦清平官、酋望、大军将兼之。"⑧ 这既是畜牧业得到了较快发展的反映,也体现了南诏大理国在对畜牲豢养上有了一定的分工。

在手工业方面,樊绰曾在《蛮书》卷七中记载:"蛮地无桑,悉养柘,蚕绕书。……正月初蚕已生,三月中蚕出,抽丝法稍异中土。精者纺丝绫,亦织为锦及绢。"⑨《蛮书》卷八又载:"本土不用钱,凡交易缯帛、毡罽、金银、瑟瑟、

---

① 黎光远. 南诏德化碑 [J]. 边疆文学, 1999 (11): 53-54.
② 樊绰. 云南志校释 [M]. 赵吕甫校. 北京: 中国社会科学院出版社, 1985: 256.
③ 樊绰. 蛮书 [M]//南诏大理历史文化丛书: 第1辑. 大理: 大理白族自治州文化局, 1998: 56.
④ 方国瑜. 云南史料丛刊 (二) [M]. 昆明: 云南大学出版社, 1998: 218.
⑤ 同④。
⑥ 樊绰. 蛮书 [M]//南诏大理历史文化丛书: 第1辑. 大理: 大理白族自治州文化局, 1998: 49.
⑦ 樊绰. 云南志校释 [M]. 北京: 中国社会科学院出版社, 1985: 120.
⑧ 王忠. 新唐书南诏传笺证 [M]. 北京: 中华书局, 1963: 32.
⑨ 樊绰. 蛮书 [M]//南诏大理历史文化丛书: 第1辑. 大理: 大理白族自治州文化局, 1998: 63.

牛羊之属，以缯帛幂数计……"① 这些都说明南诏大理国时期的纺织业得到了长足发展，技术水平得到了很大的提升。除此之外，冶炼技术也得到了较大的发展，铁犁、剑、枪、弓、矢、甲、胄、腰刀等铁制农具和兵器的制作，制作技艺比较高超的，"铎鞘，状如刀戟残刃。出丽水，装以金穹铁唐，所指无不洞也"；"郁刀，次于铎鞘。造法，用毒药、虫、鱼之类，又淬以白马血，经十数年乃用。中人肌即死，俗秘其法，粗问得其由"；"造剑法：锻生铁，取进汁，如是者数次，烹炼之。剑成，即以犀装头，饰以金碧……"② 由此可见，当时制造兵器的技术已经达到较高水平，已经形成很多重要的手工业部门，具备一定的生产规模和很高的技术水平。

综上所述，南诏大理国时期，云南地区的农业、畜牧业、手工业都得到了较快的发展，在农业方面，不但种植面积空前的扩大，而且粮食作物的种类也更加的丰富，畜牧业方面也是如此，豢养的家畜种类和数量越来越多，手工业方面，其铸造技艺非常精细的铁器受到唐朝统治者的青睐，整个社会的经济发展势头良好，为南诏大理国的体育发展提供了重要的物质基础。

五、南诏大理国节庆体育呈枝繁叶茂之景

少数民族传统节日是民族文化的综合展现，涉及每个家庭，社会性很强，活动方式千姿百态。南诏大理国白族地区，每年芒种前后是种植水稻最关键的黄金时期，几十户或全村人自愿联合起来进行拔秧、栽秧比赛。第一天叫"开秧门"，通常要举行庄严而欢乐的仪式，一早人们敲锣打鼓来到田间，吃糖喝酒，吟唱丰收歌，插上彩色的"秧旗"。栽种活动在三四人乐队伴奏下进行，音乐节奏时紧时慢，调节劳动速度，功效大为提高。

每年农历四月绕三灵，是大理白族一个欢乐的社交日子。青年们身着新衣，手里拿着柳枝、鲜花，打着霸王鞭，唱着大本曲，敲着八角鼓，齐集苍山之麓圣源寺，晚上歇在寺中，成双成对在树林中互诉衷情。第二天继续沿洱海边走边歌舞，延续三至四天，活动才结束。节庆民俗活动对少数民族体育的发展起到借鉴学习、交流、融合的作用，促进了南诏大理国节庆体育文化多元化的发展。

不同的生态环境，反映出各民族生存空间的特点。多元文化的形成则是人们

---

① 樊绰. 蛮书 [M]//南诏大理历史文化丛书：第 1 辑. 大理：大理白族自治州文化局，1998：36.
② 樊绰. 云南志校释 [M]. 北京：中国社会科学出版社，1985：45.

的活动与前者互相影响的产物。换言之，各民族生存于不同的生态环境中，在对地理环境的适应和改造过程中，创造出各具特色的文化。生态环境与民族传统文化的联系和协调，并非一朝一夕所形成，而是一个历史过程。特别是在今天，既要加速实现民族地区的现代化，又要发扬民族的优良文化传统，为现代化建设服务，并扬弃不利的文化因素，对多种生态环境和多元传统文化的结合的研究，显然是必要。

世世代代居住南诏大理国的白族居民民风淳朴，每逢白族传统节庆日，各村寨的白族群众就会自发以村为单位从四面八方赶来庆贺，比如三月街、耍海会、绕三灵、蝴蝶会、栽秧会、渔潭会都是南诏大理国白族盛大的节日，白族群众在节庆日聚集在一起举行霸王鞭、龙舟、赛马等南诏大理国节庆体育，呈现南诏大理国节庆体育枝繁叶茂之景。

第三节　南诏大理国体育文化衰败阶段

与中国历史上的许多王朝不同，尽管大理国后期统治集团内部的矛盾冲突也很尖锐，但它的迅速灭亡却不仅是由于自身内部毁灭因素的滋长，还有外来因素。大理国灭亡之后，蒙元政府没有对段氏彻底斩草除根，反以授予段氏大理总管之职而直至元亡，这又是与中国历史上的许多王朝的结局大相径庭。

13世纪中叶，崛起于北方草原的蒙古帝国经过不断西征南攻，把战场直接推到了南宋边境乃至腹地。在忽必烈即位以前，蒙古帝国的灭宋战略主要是想打通川东，然后沿江东下，故不惜在四川战场调集精兵强将，实行重点突破。在连续数次进攻均不能达到目的情况下，蒙古统治者决定采取迂回战略，先从四川西部的吐蕃地区以达大理，再从大理对南宋腹地发动进攻，以置南宋于死地，即所谓"斡腹之谋"。自嘉熙三年（1239）开始，南宋四川制置司不断得到蒙古打算由川西吐蕃地区远征大理的情报。这样，一直僻地自守的大理国便身不由己地卷入了宋、蒙战争之中，国家政治前景。至此，南诏大理国政治制度弊端日益突出，使其统治地位摇摇欲坠，严重抑制了南诏大理国体育文化发展。由于南诏大理国体育文化的依附特征使其发展历程及轨迹必须与南诏大理国政治发展一致，随其发展而兴，随其瓦解而消逝。统治者利用体育为其政权服务。南诏大理国政治制度的崩塌，使当地白族传统体育没有依附的政权实体，从此与南诏大理国政治制度分道扬镳。

本章小结

南诏大理国体育文化发展经历了萌芽阶段、发展阶段、衰败阶段，其中南诏大理国政治制度文化与当地白族传统体育文化互动之初是南诏大理国体育文化的萌芽阶段；南诏大理国政治制度文化与当地白族传统体育文化交融至深是南诏大理国体育文化的形成阶段；南诏大理国政治制度文化与当地白族传统体育文化分化变迁是南诏大理国体育文化的衰败阶段（图5-2）。

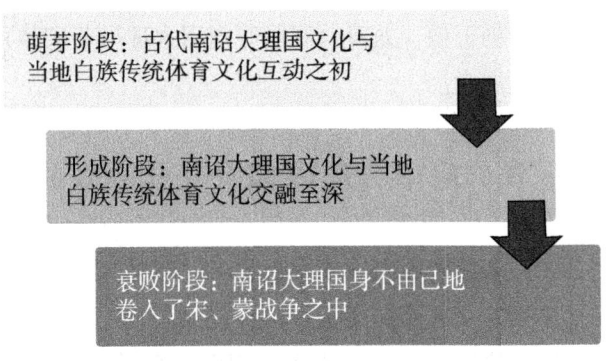

图5-2 南诏大理国体育文化发展三个历程

第六章
南诏大理国体育文化形成的背景、内因及机制

南诏大理国体育文化形成的外在条件包含特殊的自然地理环境、复杂的社会历史环境及社会经济基础,是政治利益、战争需求。以南诏大理国体育文化形成的内外条件为主线,探讨其形成的原理及机制。论证外在条件与内在条件共同作用,为南诏大理国体育萌发提供可能性,是南诏大理国体育文化形成的根本动力。

第一节 南诏大理国体育文化形成的背景

南诏大理国文化与当地白族传统体育文化互动发展、交流融合的外在条件包含特殊的自然地理环境、复杂的社会历史环境、社会经济基础及民族成分。尤其是外在环境条件对南诏大理国体育文化发展起到重要作用,为南诏大理国体育萌发提供了可能性。

一、自然环境

一定地域内的地理环境是一个民族长期繁衍生息的空间条件。自然环境是南诏大理国政治制度与南诏大理国体育发展的基础,两者的互动发展必然建立在自然环境基础之上。南诏大理国有着独特的地理环境生态圈,其地形、地貌错综复杂,各地气候条件差异极大,自然条件及生存条件相对恶劣。

毋庸置疑,南诏大理国文化与当地白族传统体育文化两者都存在于同样的历史地理空间。南诏大理国独特的地理环境造就了具有历史性、区域性特征的制度文化,也孕育了能与当地生态环境和谐共处的南诏大理国体育文化。两者在严酷的生态环境中,没有形成对立的关系,反而,绝大部分南诏大理国体育活动依旧

保持着原有的样态及演进轨迹。这就说明，南诏大理国政治制度与南诏大理国体育具有和谐共生、互动发展的良好关系，是南诏大理国体育文化形成的外在基础。

在战国时期，楚国的庄蹻曾率数千农民迁居于云南滇池地区，自称滇王。汉晋时期均有汉人进入云南，但明朝以前迁入云南的汉人大都融合于当地各民族了。迁居于大理洱海地区的汉人成了白族中的一个重要部分。云贵高原的民族群体中实际上存在着各种民族集团，白族可能是其中之一。白族地处云贵高原西部，西有澜沧江、怒江纵穿南北，东有金沙江横贯东西，气候温和，宜于农耕。自然环境为白族发展高原稻作农耕经济提供了条件。金沙江西南、洱海之滨的大理地区，庄稼可一年两熟，这里普遍种植水稻、小麦、棉花以及烟叶等，有"粮棉之区"的美誉。大理雪梨、宾川柑橘、下关沱茶，等都是著名的特产。此外，大理地区还是滇西的交通枢纽，有着经营手工业、商业的传统。畜牧业和渔业在少数地区也占有相当比重。

二、历史背景

南诏大理国文化与当地白族传统体育文化互动发展之初，处于封建社会，在这样的历史背景下，南诏大理国统治者管理南诏大理国地区，可用"如鱼得水，游刃有余"来形容。

隋末唐初洱海地区小国林立，互不隶属，其中有六个实力较强的小国，被称为"六诏"，分别是：蒙巂诏、越析诏、浪穹诏、邆赕诏、施浪诏、蒙舍诏。蒙舍诏在诸诏之南，称为"南诏"。在唐朝的支持下，南诏先后征服了西洱河地区诸部，灭了其他五诏，统一了洱海地区。752 年，阁逻凤叛唐自立国号为"大蒙"（一说为细奴逻所立国号）。784 年，异牟寻改国号为"大礼"（又有异牟寻初立，改国号"大理云"的说法）；794 年，异牟寻归唐，改国号为"南诏"。860 年，世隆再次叛唐，改国号为"大礼"（一说是鹤拓）。878 年，隆舜改国号为"大封民"。937 年，后晋通海节度使段思平联合洱海地区贵族高方、董伽罗灭大义宁国，定都羊苴咩城（今云南大理），国号"大理"，史称"前理"，疆域覆盖今中国云南、贵州、四川西南部，以及缅甸、老挝、越南北部部分地区。1095 年，宰相高升泰篡位，改国号"大中"，翌年薨逝归政段正淳，史称"后理"。1253 年，大理国被大蒙古国所灭，原大理国君段兴智被任命为大理世袭总管。

综上所述，南诏大理国地区具有复杂的政权交替历程，既要获得朝廷的赏识，还要安顺民众。唐朝利用南诏大理国在当地掌权控制的诸多优势，采取以夷制夷的治边策略，为边疆带来了一段时期安定的光景，这样的社会历史环境，为南诏大理国体育文化的形成带来了生机，南诏大理国统治者对民族风俗的尊重认可，为体育在南诏大理国社会发展打下了稳定的基石。

三、经济基础

马克思主义认为，经济基础决定上层建筑，文化是经济、政治在人们观念中的反映。纵观我国数千年来体育文化发展的历史，体育文化的产生、发展、衰落都与社会经济的变化发展有着直接的关系。一个国家的经济稳定、繁荣是体育文化发展的物质基础。因此，体育文化形成的最终根源还是经济，南诏大理国政治制度下的社会经济基础才是与南诏大理国体育融合的基本保障。

南诏大理国政治制度推行的最终目的：一是安内，二是攘外。安内需要稳定的农业生产，攘外需要维持一支强大的军队。但是，攘外必先安内，由于封建社会中农业生产是自然经济占主导地位的主要生产部门，直接关系着人民的生存和国家的安危，南诏大理国统治阶级为维护自身的最高利益和长远利益首先会重视农业生产。在思想上，统治者对地域经济开发非常重视，采取并制定了许多有利于南诏大理国社会经济发展的相关制度和措施，历史发展证明，"物质生活的生产方式制约着社会生活、政治生活和精神生活"，雄厚宽裕的经济实力，温饱问题尚没有解决，民众百姓就不可能谈及休闲娱乐。有了稳定的居住场所，温饱得到解决，有一定的空闲时间，民众百姓才有追求娱乐、享受生活的机会，这也为南诏大理国体育的创造与发展提供了物质的保障。

四、民族成分

（一）白蛮

白蛮是古代中国对其西南诸族的泛称，社会发展水平与中原相近的群体。南诏时期白蛮作为主体民族广泛地分布在境内的各个地区。大理国时期，白蛮的分布状况大体不变，分别在如下地区：善阐、石城、河阳地区；威楚、开南、姚府地区；首府、剑川、成纪地区；永昌、腾冲、金齿地区；会川、建昌地区；通海、最宁地区。白蛮各部分布很广，其风俗习惯大体相同，渐渐形成南诏大理国时期的白族主体。

(二) 乌蛮

华夏民族将中国西南一带社会发展水平低于中原的群体泛称为乌蛮。魏晋时期已经作为一个主要族群活跃于云贵高原。南诏立国，王室为乌蛮族属[1]，乌蛮为其境内主体民族之一，部落众多，分布极广，主要有七大部落：阿芋路（今云南鲁甸、昭通一带）、阿猛（今镇雄一带）、夔山（今大关、彝良一带）、卢鹿蛮（今会泽、东川、巧家一带）、磨弥敛（今曲靖、沾益、宣威一带）、暴蛮（今贵州水城、威宁带）、勿邓（今四川越西一带）。各部互不隶属，以畜牧业为主。其中，除勿邓外，其余六个部落并为"东爨乌蛮"所属，主要集中在滇东地区东爨乌蛮也在曲靖州、弥鹿川、升麻川、南至步头，谓之东爨，风俗名爨也[2]。

南诏后期，乌蛮各部先后分化混融，演变而成"黎州徼外诸蛮"与"滇东三十七部"。黎州徼外诸蛮主要归化于勿邓一部。南诏时期，勿邓势力极大。欧阳修、宋祁称："勿邓地方千里，有邛部六姓，一姓白蛮也，五姓乌蛮也。又有初裹五姓，皆乌蛮也，居邛部、台登之间。妇人衣黑缯，其长曳地。又有东钦蛮二姓，皆白蛮也，居北谷。妇人衣白缯，长不过膝。又有粟蛮二姓、雷蛮三姓、梦蛮三姓，散处黎、巂、戎数州之鄙，皆隶勿邓。勿邓南七十里，有两林部落，有十低三姓、阿屯三姓、亏望三姓隶焉。其南有丰琶部落，阿诺二姓隶焉。两林地虽狭，而诸部推为长，号都大鬼主。"

滇东三十七部又称东方黑爨三十七蛮部[3]、乌蛮三十七部落[4]，来源于阿芋路、阿猛、夔山、暴蛮、卢鹿蛮、磨弥敛等乌蛮部落的演变。它们既是大理国时期的部落名称，又是大理国时期的地方组织，在大理国的政治舞台上扮演了相当重要角色的三十七部。大理建国以后，受到段氏的优待，各部势力消长极速。至其后期，"三十七部"便完全成了一种地域称呼。除北部与东部的乌蛮部落外，大理国境内也有乌蛮部落存在，只是不如这两个地区更为集中。由于乌蛮分布很广且所处环境各异，各部的社会发展状况亦不尽相同。

南诏大理国时期的白蛮、乌蛮分布极广，其政治、经济、文化的发展也很不

---

[1] 徐嘉瑞.大理古代文化史稿［M］.北京：中华书局，1978：116.
[2] 樊绰.蛮书［M］//南诏大理历史文化丛书：第1辑.大理：大理白族自治州文化局，1998：56.
[3] 倪辂.南诏野史会证［M］.昆明：云南人民出版社，1990：22.
[4] 方国瑜.中国西南历史地理考释［M］.北京：中华书局，1987：619.

平衡，虽然社会发展过程中不断地进行分化和重新组合，但部、姓的痕迹却始终未能消除。延续至南诏大理国时期，形成白族、彝族中支系众多、名称复杂的现象。[①]

第二节　南诏大理国体育文化形成的内因

西南白族地区政权形式的改变，促进了南诏大理国文化与当地白族传统体育文化的碰撞、交流和融合，推动了南诏大理国体育文化的形成与整合。在南诏大理国社会背景下，其政治原因、战争原因是南诏大理国体育产生形成的必然条件。

一、政治原因

在长期的统治时期内，南诏大理国统治者需要一种手段来强身健体、练兵打仗，既是为了征战获胜、保家卫国，也是为了增强民族体质、疆泰民安，从而稳定社会，有利于长期统治。当地白族体育正好满足统治者政治需求，也在无形之中成为阶级统治的工具。为增强作战能力，这些南诏大理国军事体育为捍卫南诏大理国政权做出了贡献。同时，南诏大理国统治者举办节日中的宗教祭祀活动来笼络民心，示好求和，以保其统治地位，尊重各族传统习俗，随俗而治。

此外，南诏大理国统治者位高权重，生活奢靡，对物质享受和精神享受有较高的要求，白族传统体育供他们消遣、享乐，满足贵族的荣耀感和优越心态，从而获得百姓的崇拜与羡慕。因此，南诏大理国统治者在政治、军事、生活中都需要体育。

从南诏大理国体育的角度看，南诏大理国体育遭遇社会政权形式的改变，必定对自身的发展产生影响，要得到良好的发展及传承，必须找到新的出路及支撑。南诏大理国政治制度正好承载了南诏大理国体育的发展，为其提供机会及保障，从中也不难看出南诏大理国体育对南诏大理国政治制度的依附性。

总之，南诏大理国体育文化的产生是南诏大理国政治制度与南诏大理国体育两者的彼此需要。在融合过程中，南诏大理国体育满足统治者政治和享乐需求，南诏大理国体育又必须依赖政治制度才能发展壮大，形成彼此相辅相成的关系。

---

①尤中．中国西南的古代民族［M］．昆明：云南人民出版社，1980：153．

二、战争原因

自然环境和历史背景特殊的南诏大理国地区,阶级矛盾和民族矛盾十分尖锐,军事斗争激烈、战事频繁。南诏大理国战争非常残酷,唐代诗人白居易在其诗中有一段描述南诏国与唐王朝的"天宝战争":"开元皇帝虽圣神,唯蛮倔强不来宾,鲜于仲通六万卒。征蛮一阵全军没。至今西洱河岸边,箭孔刀痕满枯骨。"[1] 天宝战争历时四余年,造成二十余万唐朝将士战死异乡,可见其战争的残酷,是南诏大理国史上死伤最多的战争。战争的残酷以及对人民的伤害也是极大的,在白居易的诗中还有这样的记载:"此臂折来六十年,一肢虽废一身全。至今风雨阴寒夜,直到天明痛不眠。痛不眠,终不悔,且喜老身今独在。不然当时泸水头,身死魂孤骨不收。应作云南望乡鬼,万人冢上哭呦呦。"[2] 这首诗词写的是一个在天宝年间逃过兵役的老人,当时宰臣欲求恩幸立边功发动对南诏的战争,无数被强征去当兵的人冤死异乡,这位老人"偷将大石捶折臂",才留得残命,自折手臂,每当气候变化都要忍受疼痛的折磨。可是在他自述折臂的话语中,语气竟稍带着一丝丝的喜悦。由此可以看出,南诏大理国时期战争非常的频繁和残酷,对百姓带来无限的灾难,但频繁的军事战争的确是军事体育得以开展的前提。

南诏大理国时期主要是以军事立国,统治者为了能够获得更多的物质资源不断扩大自己统治区域,迫使南诏大理国周围的白族群众参与到军事战争中来。一些冲突和地域的扩张使得南诏大理国时期战事不断,为了能够取得胜利,统治者将身体活动和狩猎的技能与军事训练进行了更好的融合,极大地丰富了南诏大理国军事体育的内容。骑兵和步兵在战斗时所使用的勾、刺、劈、砍等动作,都是南诏大理国军事长官和将领在军事战争中一步一步总结出来的,他们将在战争中所使用的搏杀动作进行完善,将最简单、最成功的斧砍刀劈的搏杀与击刺动作制定成规范成熟的攻击技术动作套路,让士兵进行不断的练习使他们能够在今后的战争中获胜把握增大。

在战争中起关键作用的就是兵器的使用,南诏大理国主要有刺杀和防护两种作战兵器,在战争中士兵用这些兵器进行杀敌御敌。

---

[1]张春林. 白居易全集 [M]. 北京:中国文史出版社,1999:30.
[2]查尔斯·巴克斯. 南诏国与唐代的西南边疆 [M]. 昆明:云南人民出版社,1988:86.

随着南诏大理国战事的不断增多,军事体育活动也就逐渐地丰富起来。士兵在骑马狩猎时会进行单兵与动物搏斗,把在搏斗中的动作加以训练,马上的刺杀能力得到实践,能够更好地使自身的战斗能力加强。在不断的战事中士兵们不断利用兵器和徒手进行实际战斗,这些兵器也逐步地成为南诏大理国士兵进行军事体育锻炼的最好器械,也使得南诏大理国武术锻炼得到快速发展,南诏大理国的战事扩张使军事体育内容更丰富。

南诏大理国有三类战争。首先,南诏大理国内部战争,在史书中多有记载,查尔斯·巴克斯指出:"南诏用武力统一唐王朝,在大理平坝周围建立起统一的政权。"[1] 其次,南诏大理国与唐朝结盟与吐蕃的战争。巴克斯又指出:"801年,吐蕃袭击唐朝的西南边疆,为小胡吐蕃地区的威胁,唐朝与南诏国联盟协同一致配合作战,将吐蕃军队赶出了西南边境。"[2] 最后,南诏大理国与吐蕃联盟与唐朝的战争,"南诏国在756年攻占嵩州和会同,按吐蕃的命令,南诏和吐蕃联合进攻嵩州,并再次攻占这一地区,台登被夷为平地,许多汉人被南诏和吐蕃的军队俘获"[3]。史书还记载,9世纪,强盛的南诏王国把扩张矛头瞄准唐朝西南边陲。于829年和851年两次主动发起对唐战争,导致越南、四川、广西大部分地区多次易手。南诏凭借着一支毫不逊色于唐朝的军队,在这两次战争中都掌握了战争的主动权。

由此可见,南诏大理国统治者身处混乱的战争环境,为了保障政权,必须有强大的武装力量,由此产生对军事体育的需求,对南诏大理国军事体育的形成产生了刺激性需求。综上所述,南诏大理国是封建社会高度发展的重要时期,社会稳定、经济繁荣。在这样的历史背景下,参加体育活动的人逐渐增多,南诏大理国地区出现"万里秋千习俗同""蹴鞠屡过飞鸟上"的活跃情景,南诏大理国体育得到空前的发展。

第三节 南诏大理国体育文化形成的机制

南诏大理国体育文化的形成是以社会需求、经济物质为基础,是南诏大理国政治制度与南诏大理国体育相互接触、交流、发展和逐渐融合的结果。南诏大理

---

[1] 查尔斯·巴克斯. 南诏国与唐代的西南边疆 [M]. 林超民,译. 昆明:云南人民出版社,1988:64.
[2] 查尔斯·巴克斯. 南诏国与唐代的西南边疆 [M]. 林超民,译. 昆明:云南人民出版社,1988:14.
[3] 查尔斯·巴克斯. 南诏国与唐代的西南边疆 [M]. 林超民,译. 昆明:云南人民出版社,1988:98.

国体育首先融入南诏大理国统治者及民众的生活习惯中,然后融入南诏大理国社会文化中,利用宗教信仰融入民众百姓的道德习惯中。由外至内、由浅至深、由表及里地逐渐融合,最终形成根深蒂固的南诏大理国体育文化机制。南诏大理国体育文化在形成的历史进程中始终遵循共性融合原则。共性融合机制包含了共同地域环境、共同生活习俗、共同主体对象、共同宗教信仰四方面(图6-1)。

图6-1 南诏大理国体育文化融合机制

一、共同地域环境

南诏大理国区域的地理、气候、自然环境等诸多方面荒芜险恶,而且南诏大理国区域是唐朝与吐蕃争权的要地,受地域环境的限制,是南诏大理国政治制度在边疆建立的客观必然条件。南诏大理国政治制度的在恶劣的生态环境中出现,所以当地的白族传统体育也能适应这样的环境并发展生存。南诏大理国体育由始至终都产生于白族群众繁衍生存的民族地区,因此,南诏大理国体育文化的形成是依赖南诏大理国政治制度与南诏大理国体育共同的生存地域环境及共生共融的关系。

二、共同民族习俗

土生土长的南诏大理国统治者既知民众的风俗习惯,亦谙本民族地区的实情,在民族、宗教、语言、习俗等方面均具有得天独厚的优势,在维护传统习俗方面得心应手,加以血缘和地缘关系等因素,在当时具体的历史条件下,其地位甚至是不可替代的。南诏大理国统治者随俗而治的管理制度,充分说明南诏大理国政治制度适应当地民间习俗。同样,南诏大理国体育也是当地白族群众在生产生活、节日庆典、传统习俗中创建的一种民俗活动方式。南诏大理国政治制度与南诏大理国体育在融合过程中,具有共同的民族习俗特征,都能适应当地白族地区的民风习惯,传能兼容统的白族文化。因此,南诏大理国体育文化承载着两者的共同民族习俗。

三、共同宗教信仰

南诏大理国政治制度与南诏大理国体育都附有宗教色彩,具有共同的宗教特征。南诏大理国体育是宗教仪式的必需品。南诏大理国民间信仰基本上都会伴随祭祀某一特定神灵的活动,或为祈福酬供神,或为驱鬼免灾,无论是何种目的,都需要南诏大理国体育作为传递或实施的中介,如赛龙舟最初是基于娱神祭祖的民间信仰而繁荣起来的。在宗教观念支配下,祭祀仪式渗透到人们的各项生产活动中,南诏大理国体育活动方式是一切宗教祭典的主要仪式。从事各项祭祀性体育活动便成为南诏大理国王及臣民的共同义务,南诏大理国宗教制度推动了南诏大理国体育的发展。宗教信仰符合南诏大理国统治阶级的政治需要,马上得到其重视与扶持。这种相互支持,相互利用的关系,使宗教祭祀体育在南诏大理国统治阶级心中扎根,然后又在统治阶级的支持下进行全民推广,从而使宗教祭祀体育活动在全民活动中占绝对优势。南诏大理国政治制度与南诏大理国体育相互结合、相互渗透。南诏大理国体育文化的产生,依赖于一个民族对于宗教信仰的认同意识和共同归属感,民族凝聚力形成的核心。

四、共同主体对象

南诏大理国与南诏大理国体育都面对共同的民族群体,主体对象都为南诏大理国地区的白族民众。主体对象的一致性是南诏大理国体育文化产生的客观存在。南诏大理国统治者作为南诏大理国体育的领军人物,带领、组织统治下的白族民众进行各种白族传统体育活动,成为南诏大理国体育运动开展的中坚力量。因此,共同的主体对象形成了稳定的体育人口及广泛的群众基础,成为南诏大理国体育文化发展的基础。

本章小结

在同一环境中产生并发展起来的不同文化,总是具有互补的特征。南诏大理国体育文化的形成，必然遵循共性融合的机制规律，在共同的地域文化、共同的生活习俗、共同的主体对象、共同的宗教信仰中由浅至深，由表及里地逐渐融合，最终形成独特的南诏大理国体育文化。

南诏大理国体育文化是南诏大理国文化与当地白族传统体育文化的历史生成物，归根结底还是制度文化与形态文化的结合体。所有的文化发展必须依托一定的社会制度，南诏大理国体育文化遭遇边疆地区政权形式的改变，它必须适应且依附新的政权形式——南诏大理国政治制度。这样的历史境遇，使南诏大理国文化与当地白族传统体育文化在社会进程中相遇，两者在互动发展过程中，能相互匹配、融合发展，共同生存于一定的历史环境，这就是南诏大理国体育文化产生的雏形，达到了浅层物质文化的初步生成，在其发展演进的过程中，南诏大理国文化与当地白族传统体育文化能够相互推进，共同发展，两者相互需要，互补兼容，最终融合生成南诏大理国体育文化，升华为深层的精神文化。历史发展表明，浅层南诏大理国体育文化生成时，存在于南诏大理国社会群体的生活习俗中；深层南诏大理国体育文化生成时，存在于大众的道德习惯中，逐渐深入民族的深层意识。由浅至深、由表及里的生成机理，使南诏大理国体育文化循序渐进地根植于南诏大理国地区的统治者和被统治者这两大群体中，具有相当高的历史存在价值（图6-2）。

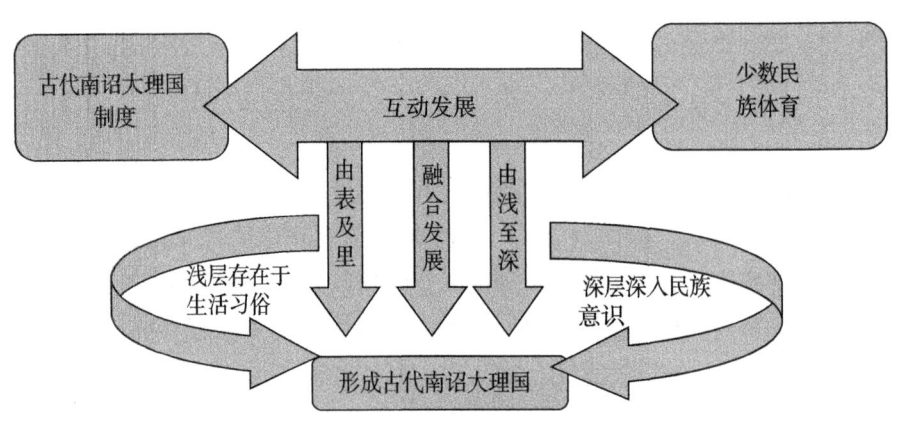

图6-2　南诏大理国体育文化形成

第七章
南诏大理国体育文化的社会功能、历史局限及历史地位

第一节 南诏大理国体育文化的社会功能

一、军事功能——保边戍疆

南诏大理国统治者为壮大军事武装力量确实煞费苦心，利用白族武术来强化南诏大理国士兵的身体素质及军事体能。从古代军事战争的目的上讲，人是决定战争成败的重要因素，军队士兵体质的强弱成为直接影响战争胜负的关键因素，尤其古代战争的最终胜负是通过人与人之间的直接对抗来决定的。白族武术具有强大的健体功能，能有效提高士兵的军事体能，直接影响战争的胜负，能最大化地满足南诏大理国统治者需求。因此，白族武术的内容和表现形式多服从于南诏大理国军事战争的需要，并在战争环境中日趋成熟。最终，白族武术成为其统治者增强士兵体质的练习手段，来提高士兵的军事体能，达到提升军队整体素质的目的。

另外，骑射、象术等军事体育项目成为南诏大理国军事训练中的重要手段，来提高士兵的作战能力，达到培养和训练士兵各种作战技能的目的。例如，骑射是南诏大理国冷兵器时代军事战争的重要技能，作为战争中不可或缺的军事技能，对南诏大理国战斗实力具有重大的影响力。因此，南诏大理国将领都注重对骑射技能的训练。总之，南诏大理国体育活动主要是服务于军队战争之需，辅助南诏大理国统治者维护政权，完成士兵戍疆的历史使命。当外敌入侵时，南诏大理国士兵肩负"守土戍边、保境安民"的职责，为固守边疆，保国安民做出了重要贡献。同时，由于南诏大理国统治者自身利益与民众愿望融合，爱故乡理念

升华为爱国理念，全国上下奋起抗击，一次又一次粉碎了侵略和分裂国家的企图，数百年来在保卫边疆、捍卫民族尊严中建立了不朽的功勋。南诏大理国体育因为政治环境的改变，从强身练兵的手段逐渐成为阶级斗争工具，其功能性质远远超出了体育本身的功能，显示出巨大的政治功能。但无法否认的是南诏大理国军事体育运动有效地提高了战斗力，在强兵卫国的军事活动中发挥了积极的作用，一次次地辅助南诏大理国完成保边戍疆的历史使命，军事功能更加凸显。

二、凝聚功能——稳定社会

南诏大理国统治者之所以能维持数百年的统治地位，原因之一就是对于协调中央王朝、辖地百姓之间的复杂关系，有一定的协调措施和缓和手段。

首先，南诏大理国统治者利用南诏大理国体育具有的社交功能及特有的凝聚作用，有效促进了民众之间的深层交流，各族之间常借节庆祭祀之机，特意组织举办各种各样的民俗体育活动来笼络民心、树立威信。南诏大理国统治者利用南诏大理国体育顺应了百姓的习惯，在巩固自身统治地位的同时还得到百姓的支持与信任，对于需要长治久安的南诏大理国来说，利用南诏大理国体育的功能来稳固政权，绝对是双赢的举措。

其次，参与南诏大理国体育活动已成为民众相互交流形式之一。南诏大理国统治者为百姓提供了参与节庆祭祀体育活动的场所，不仅巩固了民族情感，强化了民族认同感，民族凝聚力也得到增加。不断增进王室贵族之间、贵族与民众、民众之间的感情交流，成为南诏大理国地区百姓相互亲近、相互认同、联络民族情感的中介。长期积淀传承而形成的民族意识，成为百姓相互交流的天然纽带。总的来说，南诏大理国地区较大范围的交往，大多是在盛大的民族节日活动中进行，当地白族百姓在体育活动中找回了民族认同的文化特征，找回了民族自信。南诏大理国体育活动凭借这种纽带所形成的民族凝聚力，成为维系民族团结、保持民族传统、展示民族风采、满足民族心理、扩大民众社交的重要社交活动。

再次，南诏大理国体育在维护国家主权和民族尊严方面，显示其鲜明的政治立场，在宣传民族自强和爱国主义精神方面，起到了积极的促进作用。南诏大理国体育来源于生活，服务于社会，其政治意义超越了其运动本身，它已经成为建设边疆不可缺少的组成部分，充分显示了南诏大理国政治稳定、经济发展、文化繁荣、民族团结的大好局面。南诏大理国体育运动的开展，有利于加强民族团结和边疆稳定。南诏大理国白族分布中原王朝在漫长的国境线上，处理好民族间关系，对于边疆的稳定意义重大。南诏大理国体育活动是当地白族群众安居乐业、兴旺发达、繁荣昌盛、幸福美满的象征。统治者组织南诏大理国体育活动，使白族人欢聚在一起，既尊重白族风俗习惯，又有利于民族团结，增强了民族自信心和自豪感。

最后，由于南诏大理国体育活动具有悠久的历史和丰厚的文化底蕴，加之地域性和民族性等基本特性，使其成为培养民族认同感和民族精神的有效形式。认同感是使人们聚合在一个群众中的情感，是一种体现其成员之间比另一些人感到更亲近的情感。认同感的形成是在伦理观念、价值观念同一文化背景下形成的。南诏大理国体育活动起着形成本群体、本民族认同的作用，并能增强内部的亲近感。许多少数民族都通过民族体育活动增强这种认同感。集体荣誉感是民族精神的重要组成部分，南诏大理国体育活动具有培养这种集体荣誉感的功能。例如龙舟竞渡、赛马等活动，多以村寨或部族为单位。参加比赛者除了进行激烈的竞争外还表现了集体荣誉感。在这类富有竞赛性的活动中，集体内各成员相互配合和协作，往往是取得胜利的关键，即使是旁观者也都难以作为局外人，他们自觉或不自觉地进入角色，为自己的集体所取得的竞赛成绩欢呼鼓劲或沮丧惋惜。这种将个人荣誉和集体荣誉融为一体的南诏大理国体育活动，对培养民族精神起到了积极的作用。

作为区域内的最高统治者，南诏大理国的统治者无疑对当地白族传统体育文化的发展产生着重要的影响。南诏大理国地区在特定的历史时期社会安定、民族团结，这种和谐的民族关系的产生一定程度上是统治者主动利用白族传统体育活动来保障其稳定发展。南诏大理国体育的凝聚功能，在促进南诏大理国社会关系和谐，稳定南诏大理国社会秩序中起到重要作用。

三、宗教功能——控制百姓意识

原始体育和宗教从一开始就呈现混沌状态，关系暧昧不清，时至今日，在一些民族地区，宗教和体育之间的关系仍有纷繁复杂的关系。一些从事民族体育研究的专家认为，原始的体育活动实际上就是宗教的一种形式，也有人把原始的传统体育描述成在某些方面类似于宗教而非宗教的一种活动。原始体育与宗教同样作为一种社会现象，既有本质的不同，又有一定的联系。南诏大理国体育，本身起源于宗教，二者之间有密切关联，原始的体育活动实际上就是一种宗教活动。原始的体育活动能给众多的崇拜者带来一种神圣的体验，这种体验需要一种象征性的语言和许多崇拜者的拥护。原始的体育活动在当时是由巫师引导的一些祭祀活动，这种娱神、娱人的双重性质活动既达到了宗教活动的目的，又成为一种出于自愿的身体活动。原始体育与宗教活动与特定时间、节令、集市等至今仍完美地结合在一起。世界上许多民族是"万物有灵者"观念的信奉者，在年节庆祝与宗教祭奠活动中与民族传统体育活动紧密结合，显示出多姿多彩的民族特色。如李京说："末些……不事神佛，惟正月十五日登山祭天，极严洁。男女动百数，各执其手，团旋歌舞以为乐。"① 还有丧葬，谓之"摄别"，举行赛马歌舞等活动。这些宗教，节令之日都与民族传统体育活动融为一体。

宗教作为一种文化现象，表现出了人对神所特有的两重态度，即希望与恐惧交织的两重心理。人类创造宗教，是因为人们在大自然威力面前感到自己力量的渺小、生命的脆弱，因而希望自己能像他们创造的神一样强大，或在神的庇护下平安地生存下去。从抚慰人类心理需要出发，人类社会便出现了祭祀、葬式、崇拜仪式等宗教活动。这些宗教仪式中有许多身体活动内容保存至今，虽然宗教对南诏大理国体育的发展有某些负面的影响，但更多的是一种促进作用。

在原始社会，各种文化要素，诸如音乐、舞蹈、体育、绘画、医学等都与宗教有密切联系。在南诏大理国体育的发展中，原始宗教为其创造了特别的物质和精神条件。在宗教观念统治下，崇拜仪式渗透到人们社会生活的各个方面。各项生产、生活都要举行相应的祭祀活动，每遇重大祭日，其祭仪就更为盛大，而舞蹈和竞技是一切宗教祭奠的重要组成部分，贯穿于宗教仪式的始终。原始宗教以其特有的威慑和内聚力，统一人们的信仰、意志和行动。南诏大理国为祈求部族的生存和昌盛举行各种祭祀活动，祭祀便成为部族成员的共同义务，而这些活动都带有全民族性质。出于寄托精神，表达意愿的目的，人们必须以特殊的情感方式去进行各种祭祀性的体育活动，从而使这类活动在本民族间推广、普及，并最终成为本民族世代相传的一些体育活动内容。原始宗教具有特殊的形象驱使人们笃信和崇拜超自然力量，以保证巫术、祭祀效果的付诸实施，也扩大了宗教的影响。因此，作为动态形象的体育活动，便成为宗教活动中最为适宜的一种表现形式。

南诏大理国体育的部分项目起源于宗教。当宗教团体在社会上发展起来之后，它为原有的多种传统体育项目提供了固定的活动场所、活动人群和经济基础，直接或间接地促进了很多传统体育项目的产生与发展，尤其是在身心相结合

---

①李京．云南志略辑校［M］．昆明：云南民族出版社，1986：21.

第七章　南诏大理国体育文化的社会功能、历史局限及历史地位

的锻炼领域，宗教团体进行了深入而广泛的实践，创造出武术等具有传统文化底蕴的中国传统体育的优势项目。宗教不仅是一种个体信仰，也是一种民族文化现象。白族本主崇拜是其宗教信仰的主要形式，将凡是为他们立过功、做过贡献的人，均视为自己的保护神加以崇拜，为了对他们进行祭奠，因此白族每年都要举行绕三灵、火把节、蝴蝶会、海灯会等传统节庆活动。

南诏大理国白族，由于历史原因，其中原始宗教在南诏大理国白族整个信仰中影响较为广泛和深远。白族发展十分缓慢，长期处于落后的原始经济状态，生产力低下，对日、月、星、辰、风、雨、雷、电、山、川、林、木、火等自然力及自然现象不能理解。但为了生存，白族人民不得不艰苦地与大自然进行搏斗，对自然万物的神秘化，对超自然力量的幻想，逐渐形成南诏大理国白族"万物有灵"的原始思维观念。南诏大理国白族宗教信仰呈现多元化趋向，与之关系密切的民族传统体育也表现得五彩缤纷，颇具特色。

南诏大理国统治者在执政时都需要一种宗教作精神统领，整合社会意识和信仰体系，实现南诏大理国各部落的统一。射箭是南诏大理国白族在长期的狩猎活动和宗教祭祀中逐步演变而形成的，具有祭祀活动的形态雏形，在春节围猎仪式上举行的，目的是祭猎神，预卜狩猎成果等等。这些白族传统体育活动无一不是白族宗教信仰的再现，另一个侧面说明了宗教信仰与南诏大理国体育的密切联系与渊源。南诏大理国以宣扬宗教意志为手段，大力宣扬宗教思想，利用宗教法规迷惑麻痹百姓，愚弄欺骗劳动人民。统治者以宗教中逆来顺受的偏颇思想，来控制百姓意识，把宗教信仰当作巩固自己统治地位的工具，从而扩展政治野心，为南诏大理国剥削阶级的专制统治保驾护航。在这种社会机制中，南诏大理国体育的宗教功能应运而生，且得到统治阶级的倡导和护佑而迅速传播开来。也正因为这样，南诏大理国体育扮演宗教仪式的主角，在传播的过程中，直接或间接地都在维护南诏大理国阶级统治制度，确保统治者始终拥有一套维护封建统治的政权机构。

南诏大理国政权虽没有完全控制宗教，宗教也未完全代替南诏大理国政权。但政治与宗教的关系是密切的，二者相互支持、相互利用。宗教是白族古老文化的传承者，而南诏大理国统治者是政治组织的核心代表，两者有机地联系在一起更能结成稳定的南诏大理国政权基础。南诏大理国统治时期，南诏大理国统治者依靠宗教活动，传袭南诏大理国官职，树立领袖地位，宗教在整个南诏大理国时期具有举足轻重的地位。

总之，南诏大理国统治者不仅熟悉当地民众的风俗习惯，还熟悉民族地区的

实际情况，加上控制着当地民族宗教信仰，当地民众不自觉地对南诏大理国国王产生敬仰崇拜，彼此之间建立起了较为稳定的阶级关系。南诏大理国统治者宣扬倡导民族宗教意识，设法以此树立自己神一般高度的地位，在这个过程中，体育在众多的宗教仪式中得以出现、发展、传承。南诏大理国举办宗教祭祀为南诏大理国体育活动提供了固定的活动场所、活动人群和经济基础，直接或间接地促进了南诏大理国体育项目的发展，宗教祭祀保障了南诏大理国体育地位，南诏大理国体育也显示出强大的宗教祭祀功能。因此，南诏大理国体育的宗教功能有利于南诏大理国政治制度的推广执行。

四、健身娱乐功能——满足多层次精神需求

首先，南诏大理国体育的本质功能还是强身健体，在南诏大理国社会中不仅是满足当地百姓的生理需求，也是维系整个南诏大理国社会传承生存的基本保障。南诏大理国的民众在参与各种各样的体育活动时通过肢体参与运动，在承担一定身体负荷后，体能得到发展，体质得到增强，既锻炼了身体也愉悦了身心，满足了南诏大理国地区不同主体的多层次身体、精神需求。南诏大理国统治者利用南诏大理国体育，一是自练，满足自身锻炼需要，以求长寿的心愿；二是通过体育活动所具备的健身功能，使统治下的百姓身体康健，安居乐业并且安于现状，从而有利于统治者的统治。

其次，南诏大理国体育还具有娱乐功能。南诏大理国统治前期、中期都是白族地区经济相对稳定的发展阶段，百姓生活稳定后就有娱乐健身的需求。南诏大理国娱乐体育活动开始勃发，成为南诏大理国民众生活中的重要组成部分。这样不仅推动了南诏大理国子弟进行贵族体育运动，还使庶民百姓也能参与各具特色的白族体育活动，从而推动了南诏大理国地区娱乐体育的全面开展。

因此，南诏大理国体育活动具有娱乐、健身功能，能满足南诏大理国高层次精神需求、丰富民众的体育文化生活，对于边疆地区娱乐健身活动的开展影响至深。例如，南诏大理国王喜爱武术，引领治下百姓都习武健身。白族武术具有刚柔相济、动静结合，全身上下协调运动，使人体各个机能都得到锻炼，久练而不乏味，从而达到祛病健身、抗老益寿的目的。另外，据史书记载，南诏大理国统治者通过进行狩猎等活动，满足其娱乐需求，达到放松和健身目的。以上事例，充分反映了南诏大理国体育活动具有娱乐、健身功能，满足南诏大理国高层次精神需求、丰富民众的体育文化生活，对于边疆地区娱乐健身活动的开展影响至深。

五、政治功能——捍卫南诏大理国政权

南诏大理国地区统治者借助中原王朝的支持在当地统治民众,具有政治上的绝对优势。南诏大理国体育通过自己独特的功能作用为统治者积极服务,成为南诏大理国统治者实现政治目的的手段之一,并显示出强大的政治功能。

从政治和体育的发展关系来看,南诏大理国体育文化在政治的影响下空前繁荣。南诏大理国统治者出于对自身利益考虑而主动接受白族体育,随俗而治的统治理念,对少数民族体育文化持来之不拒之态,使南诏大理国体育适时地配合南诏大理国时期的政治需要,为政治服务效力。因此,南诏大理国体育是南诏大理国统治的工具之一,为南诏大理国政治制度的推行保驾护航,在南诏大理国政治制度发展的过程中起到捍卫南诏大理国政权的重要作用。

以上提及的军事功能、宗教功能、凝聚功能,最终都是为南诏大理国的政治统治服务,可以说四个功能最终体现了南诏大理国体育的本质。南诏大理国体育的军事功能体现在:首先,南诏大理国借助武术、骑射、剑术等军事体育为南诏大理国训练士兵,取得战争胜利,达到守土戍边的目的,最终捍卫了南诏大理国政权,巩固其统治地位;其次,依托节日祭祀活动,南诏大理国统治者组织举办赛龙舟、白族打歌等体育活动,宣扬其政治立场,笼络人心、试图控制、支配百姓思想意识,还设法用宗教法规束缚人们的思想行为,为南诏大理国长期的剥削统治铺路,维护其世袭的统治地位;最后,统治者为改善缓和封建社会的官民关系,利用南诏大理国体育的社交凝合功能,举办赛龙舟等节庆民族体育活动,笼络白族群众,展现出统治者与民同乐的场景,最终是为了满足百姓的信仰需求、交往需求,安抚百姓,为南诏大理国巩固政权提供保障,从而达到统治者对治下民众进行完全统治的政治目的,逐渐形成南诏大理国政治体育一体化的特殊现象。因此,南诏大理国体育具有的军事、宗教祭祀、娱乐健身、社交等功能,最终都是为了南诏大理国的政治统治服务。

南诏大理国体育与民族政治是互动关系,即南诏大理国体育与民族政治之间是相互影响、相互作用的。南诏大理国体育一经形成就具有独立的发展轨迹,有自身的发展规律。但历史表明南诏大理国体育和人类的其他活动一样,从来不是一种孤立的社会现象,它的发展受一定社会的经济、政治、文化所制约,并在各种社会的相互影响中体现其规律。从南诏大理国体育与民族政治的关系上来看,民族政治对南诏大理国体育的影响是同历史发展阶段相联系的,这种影响有直接

的,也有间接的。同时,南诏大理国体育也通过自己的特殊作用积极为一定的民族政治服务,这是社会对南诏大理国体育的客观要求。

综上所述,南诏大理国统治者利用体育服务于王朝的政治统治,是南诏大理国统治者缓解矛盾、缓冲利害关系的一项重要措施。南诏大理国体育文化最终的功能就是辅助南诏大理国统治者更有效、更长久地统治边疆地区。然而,南诏大理国体育文化的主导者是南诏大理国统治者,具有为少数统治阶级服务的特征,必然存在一些弊端。

六、经济功能——推动南诏大理国经济发展

体育和经济是相辅相成、互为补充的,体育的发展为地区、民族、国家的经济带来繁荣,促进各产业经济的发展,而对体育运动不断的经费投入,又促进体育水平向着规范化、系统化、科学化方向不断发展。随着体育社会化程度的提高,各种运动器材、场地设施都在迅猛发展,为满足人们对体育运动的需求,在整个社会中形成了一个庞大的体育产业。

南诏大理国的社会经济活动大部分以渔猎、游牧、农耕和养殖业为主。在这些生产活动中,人的体力劳动占极大的比重。因此,强健的体魄、良好的身体素质与熟练的生产技能,是民族经济得以发展的重要因素。根据经济学原理,生产力的三个要素是劳动者、劳动工具和劳动对象。在这三种要素中,劳动者是劳动工具的创造者和使用者,是生产力中最活跃、最积极的因素,广泛开展南诏大理国体育活动能有效地改善和提高劳动者的身体素质,还可以在身体活动中进行劳动技能的学习与训练。南诏大理国体育活动的开展,无疑有助于劳动生产效率的提高,南诏大理国白族开展的骑技、赛马、射箭、射弩、武术、狩猎等体育活动,对人们体力的增强与劳动技能的提高起着良好的作用。

七、文化传承功能——凝练行为技艺

南诏大理国体育文化是一种历史悠久的民族文化现象。南诏大理国的形成,是特定历史条件下的产物。它的形成和发展不仅仅是一种自然行为的结果,而是白族在其社会生活中的一种行为技艺的凝练,是民族文化在体育表现形态中的必然结晶。

南诏大理国体育文化是民族文化的重要组成部分,是白族悠久历史的产物,

第七章 南诏大理国体育文化的社会功能、历史局限及历史地位

它源于人们的生存和生活需要，在传统文化的影响下继承和延续，是民族文化的综合形态。作为一种特殊的形式，它一出现就与周边的其他文化体系有着相互依存和相互作用的紧密联系，发展由始至终，均不是孤立存在的文化现象，它的形成依赖于白族文化的广阔背景，它的生存和发展是白族文化象征的综合再现。

南诏大理国体育是白族群众智慧的结晶，是白族传统文化在体育方面的体现，也是最富有民族特色，最能反映白族个性和群体气质的文化领域之一。南诏大理国体育成为振奋民族精神、加强民族团结、弘扬民族文化、促进民族经济发展、增强白族民众身心健康的重要活动（图7-1）。

南诏大理国体育与民族文化是从属关系，通过进行南诏大理国体育活动，不仅可以获得体质体能的增强，提高身体的抗病能力，而且可以愉悦心情，振奋民族精神，引发追求美好生活的激情。另外还可以培养竞争意识，建立团结、友爱、互助和热爱集体的优良品质。

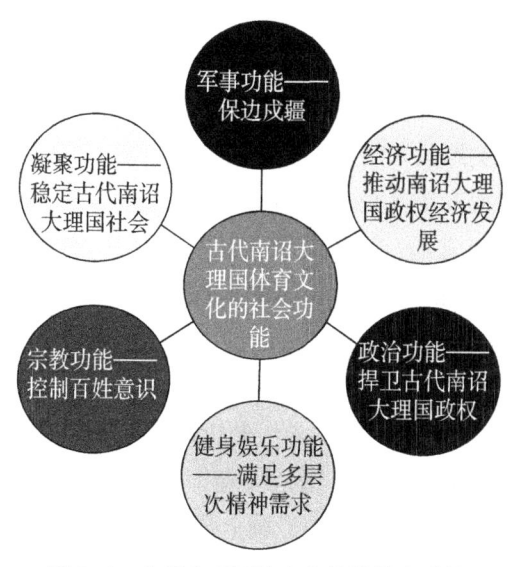

图7-1 南诏大理国体育文化的社会功能

第二节 南诏大理国体育文化发展的历史局限性

南诏大理国政治制度在产生初期，作为一种新兴的政治制度，能适应当时西南边疆的社会经济基础和生产关系，暂时维护了地方的稳定、巩固了国家的统

一,在保卫国家领土的斗争中起了一定的作用,在当时的历史条件下无疑是一种进步。但是,到了大理国后期,政治制度出现种种矛盾并尖锐激化,极大地动摇了南诏大理国的统治地位,南诏大理国统治制度日益腐朽,直至最终土崩瓦解。因此,南诏大理国政治制度对历史社会影响具有两重性,即初期、中期的积极作用和后期的消极作用。同样,南诏大理国政治制度对于南诏大理国体育的影响,有积极促进的一面,也有阻碍抑制的一面,因而南诏大理国体育文化发展存在一定的历史局限性。

一、严格等级制度限制南诏大理国体育公平发展

南诏大理国统治者实行严格的等级制度,王室贵族与民众之间无论在名讳、衣着、婚姻、丧葬和日常礼法上都有着严格的界限且不能逾越。这种等级制度的设立,使南诏大理国王室贵族在政治、经济、法制、文化等方面具有无限特权,在生活方面享受特殊待遇。上层阶级以酥泽发,贵者以绫锦为裙襦,其上仍披锦方幅为饰。两股辫其发为髻。髻上及耳,多缀珍珠、金、贝、瑟瑟、琥珀。贵家仆女亦有裙衫,常披毡,及以缯帛韬其髻,亦谓之头囊。此记当为特殊服饰,多为宫廷、贵族装束。樊绰虽未明言属于乌蛮抑或白蛮,但可以断定属于白蛮的习俗较多。李京在元大德五年(1301)出使云南,此时大理国已灭亡多年,故其所载仅白蛮民间服饰,而宫廷、贵族装束无从所见。从《张胜温画卷》提供的情况来看,宫廷、贵族服饰略与汉同,宽袍大袖。武士羽仪披毡椎髻,并皆跣足;文臣书判头戴头囊,衣饰华丽。大理国时期的白蛮贵族服饰也当与南诏时期无大差异。大理国时,每以紫泥、金襕、黄绣手帕常赠僧俗,说明紫、金等色仍为宫廷、贵族所尚。① 由此可见封建严格等级制度限制平民不得佩戴金饰,不能穿鞋进入贵族的居宅等;平民行路遇见南诏大理国贵族不能正视,需躬身退避道旁;南诏大理国连楼梯的级数都有限制,原则上是不能超越贵族的,而室内悬挂的壁画等装饰,也只能由贵族们享受。以上种种限制都表明,南诏大理国统治者保证自身至高无上特权,体验凌驾于百姓之上的优越感。

南诏大理国特权无处不在,当然在体育娱乐活动中也体现出鲜明的等级特征。例如:规定不同等级的人选择不同种类体育活动,部分贵族体育仅限于在南诏大理国王室家族内开展,缺乏广泛的群众基础,发展相对缓慢。因此,严格等

---

① 李昆声.南诏大理国雕刻绘画艺术[M].昆明:云南美术出版社,1999:194.

级制度影响南诏大理国体育公平发展,不利于南诏大理国体育的普及传播。

二、残酷的剥削压迫,成为南诏大理国体育发展的障碍

在唐代中期以前,南诏大理国政治制度对白族的社会生产发展曾起过积极有益的作用。随着南诏大理国统治阶级势力急剧加强,欲壑难填,统治阶层不断加重对白族民众的压迫和剥削,其剥削过程是长期的、渐进的,其方式是多种多样的。

首先,残暴的政治统治是大理国后期执政的一个特点,在其管辖地区内,南诏大理国统治者是至高无上的土皇帝,为所欲为,掌握生杀大权,肆意奴役民众。其次,繁重的经济剥削又是南诏大理国政治制度的另一大特点。南诏大理国统治者家庭的日常生活需要大量的开支,再加上向朝廷进贡也需要大量的支出。这些费用均需要民众以赋役、捐税等形式来承担。南诏大理国统治者千方百计地剥削民众,每年私征滥派杂派数次。残酷的剥削,繁重的劳役,使民众处于水深火热之中。随着南诏大理国统治者对白族人民的剥削压迫年复一年加重,剥削和奴役名目也不断增多,例如:战时民众从征参军,平时到王室服劳役,家家户户都要承担岁贡和苛捐杂派。另外,南诏大理国统治者家族生辰寿诞、子弟入寺当和尚、婚丧节庆、生儿育女、晋升袭职、祭神赕佛等耗费,都要派到民众头上。

总之,南诏大理国政治制度推行之初形成的稳定社会秩序,在南诏大理国统治者不断残酷剥削和野蛮统治下一去不返。南诏大理国统治制度实际上是政治压迫和经济剥削相结合的统一体。在南诏大理国社会后期,民众不仅受到残酷的经济剥削,还受到政治压迫、民族压迫及惨无人道的剥削,加以连年的自然灾害,使得南诏大理国地区各族民众生活趋于贫困化,在这样匮乏的物质环境下,南诏大理国体育的发展遇到了巨大的障碍。因此,大理国后期政治制度所带给民众的双重剥削压迫,使其生活困苦,成为南诏大理国体育传承发展最大的障碍。

三、南诏大理国的消亡终结了南诏大理国体育的生命

南诏大理国政治制度是一种在特殊时间、特殊地点、特殊历史环境下产生的特殊地方政权形式,从某种意义上说是封建王朝对白族地区采取的一种绥靖政策,是封建统治集团"以夷制夷"的权宜之计。但后期南诏大理国政治制度已不适应社会发展,渐渐暴露出腐朽的面目。封建的南诏大理国政权组织机构越来越不适应社会日益发展的需要,成为延缓和阻碍社会发展的桎梏,封建的南诏大

理国政治制度的管理机制表现出了极端的狭隘性和排他性，职能也日益弱化。

13世纪中叶，崛起于北方草原的蒙古帝国经过不断西征南攻，把战场直接推到了南宋沿边乃至腹地。由于在忽必烈即位以前蒙古帝国的灭宋战略主要是想打通川东，然后沿江东下，故不惜在四川战场调集精兵强将，实行重点突破。在连续数番进攻均不能达到目的之后，蒙古统治者决定采取史无前例的迂回战略，先从四川西部的吐蕃地区以达大理，再从大理对南宋腹地发动进攻，以置南宋于死地，是即所谓"斡腹之谋"。自嘉熙三年（1239）开始，南宋四川制置司不断得到蒙古打算由川西吐蕃地区远征大理的情报。这样，一直僻地自守的大理国便身不由己地卷入了宋、蒙战争之中，国家命运前景更是雪上加霜，最终导致南诏大理国的衰败和灭亡，这也是南诏大理国体育消失的根本原因。

南诏大理国政治制度渐渐消失，由外在的环境变化以及与其他民族的交融，政治制度的改变等而引起。这样的政治格局使依附于它的南诏大理国体育文化也随之转化、变迁、灭亡。"南诏大理国体育文化"这一名词，也和南诏大理国政治制度一样，停留在历史长河中。因此，南诏大理国政治制度的消亡终结了南诏大理国体育的发展。

第三节　南诏大理国体育文化的历史地位

南诏大理国政治制度是我国古代民族政治制度的典型，其历史地位不可小觑。从南诏大理国政治制度的正式确立，到南诏大理国政治制度发展完善并达到鼎盛阶段，随着世袭统治弊端的充分暴露，到南诏大理国政治制度最终被取消，这一在特殊时间、特殊地点和特殊历史环境下产生的特殊地方政权形式，从某种意义上说是封建王朝对白族地区采取的一种绥靖政策。

南诏大理国政治制度是可以理解为中原王朝施行边疆治理的一种手段，一方面封建王朝利用南诏大理国在白族中的传统势力和影响，建立和巩固对边疆白族地区的统治，以便能够保境安民。另一方面南诏大理国借中原王朝的封号，提高自己的地位，行使特权，残酷地压迫剥削白族群众。事实证明，随着时间的推移，南诏大理国政治制度的反动腐朽本质日益暴露出来，最后永远消失在历史发展的长河中。学者研究南诏大理国政治制度，不应过分争论它是进步还是落后的，而应将南诏大理国政治制度作为民族政策来研究，达到以史为鉴，可知兴替的目的，这样才能把对南诏大理国政治制度的研究引向深入。

第七章 南诏大理国体育文化的社会功能、历史局限及历史地位

同样，本研究对南诏大理国体育文化的评价也不能对其进行一味的批判，必须客观、公正地去看待南诏大理国体育文化。依附于南诏大理国政治制度的设置而产生的南诏大理国体育文化是历史发展的产物。它依附南诏大理国政治制度在西南边疆存在了数百多年，其长期存在的原因如下：首先，由主观条件决定，即南诏大理国统治者出于对自身利益考虑而主动接受、利用南诏大理国体育来捍卫主权，对维护政权有利的事物均持来之不拒之态。其次，南诏大理国体育文化符合当时边疆白族地区的南诏大理国社会发展需求，与当地民族文化基本处于良性的互动状态，具有发展的必要性及科学性。

南诏大理国体育文化是一种具有传承性的民族文化形式，它深深地扎根于白族的文化土壤中，并在传承的过程中体现自身的文化价值。由于我国白族没有统一的文字，所以教育的手段主要靠言传身教，以及在生产和生活中的模仿学习，生活方式对民族体育的形成有重要影响。

本章小结

从南诏大理国体育文化的功能来看，南诏大理国统治者利用南诏大理国体育文化的特殊功能，练兵打仗、整合宗教信仰、笼络民心、健身娱乐、享受生活，最终达到始终为少数统治阶级服务的政治目的，这些功能保证南诏大理国统治期间社会稳定发展，可归为积极有益的方面。但是，南诏大理国封建严格的等级制度限制了南诏大理国体育公平发展，其封建割据性阻碍着南诏大理国各族体育文化的交往融合，最终的消亡终结了南诏大理国体育的发展。

综上所述，南诏大理国体育文化的特征在于，南诏大理国体育必须与南诏大理国政治制度紧紧捆绑在一起，其发展与南诏大理国政治制度的兴衰相一致，具有依赖性和同步性。作为附属于政治体制的体育形态，南诏大理国体育最大的功能就是为南诏大理国政权服务。本研究以一分为二的辩证方法来论证南诏大理国体育文化存在的社会功能、历史作用及地位，研究南诏大理国封建社会的体育文化，是对南诏大理国体育内容的补充，南诏大理国体育文化必然是民族体育史上一个不容忽略的历史要素，占有重要的历史地位。

第八章
南诏大理国体育文化的当代价值与传承发展

经历了几百年的南诏大理国统治，特殊的地理自然环境和社会历史背景，使南诏大理国地区逐渐衍生形成独具风格的地域文化。虽然南诏大理国政权在历史长河中已被其他政权所取代，但是南诏大理国文化曾对西南边疆白族地区产生过深远的影响。本书以体育为视角，把依附南诏大理国文化而生的南诏大理国体育文化作为研究对象，发掘南诏大理国统治区曾出现的体育文化资源，并从社会文化、民族文化、等多种视角去审视体育文化在其社会结构中的地位、价值和功能。

第一节 南诏大理国体育文化的当代价值

一、理论创新价值

（一）创新南诏大理国体育文化概念

研究中的创新性是指提出某种新原理，创立新的论点和学说。本研究最大的创新在于，以体育文化概念为基础，探索创新出新的体育文化概念——南诏大理国体育文化。南诏大理国政治制度属于特殊的历史产物，也是人类珍贵的文化遗产，具有较高的历史价值。也必定对当时的体育文化产生重要影响，其存在的客观历史性是科学研究中不可回避的重要问题。在南诏大理国文化的研究基础上，将南诏大理国文化与当地白族传统体育文化进行融合，从体育学科的角度对南诏大理国的社会发展进行全新的研究和解读，首次提出南诏大理国体育文化这一概念。

到目前为止，未曾出现南诏大理国体育文化这个专属名词，更没有相关的定义概念。笔者力图填补这个缺憾，这既是本研究的目标，也是本研究的要旨。因此，本研究最大的学术价值就在于第一次提出南诏大理国体育文化的概念，并对其进行了界定，从南诏大理国体育文化结构、特征、要素、本质、内涵等方面呈现出特殊政治制度下的体育文化现象。

（二）开辟新的探究领域

目前，学术界对南诏大理国研究已取得较多学术成果，但以前的南诏大理国政治制度研究大多侧重于南诏大理国政治、史学方面的研究，而对南诏大理国文化与其他文化进行融合的研究成果尚属不多，迄今就很难找到一篇完整的关于南诏大理国体育文化方面的综合性著述。南诏大理国研究的片面性及不平衡性，导致整个南诏大理国社会的历史全貌未能得到充分揭示，严重影响人们对南诏大理国历史文化的整体认识。

纵观南诏大理国体育及体育史的研究领域，尚未有学者关注南诏大理国体育文化的研究，虽部分学者对南诏大理国政治制度对民族传统体育的影响进行初步研究，但学术成果还是凤毛麟角，尚未形成成熟的理论和系统的实证研究。因此，本研究将南诏大理国文化与当地白族传统体育文化实践进行综合研究，以特殊的政治制度来解释南诏大理国体育不同的文化现象，属于较为大胆的尝试。无论从历史学、民族学、体育学的研究角度来看，南诏大理国体育文化研究都是学术创新之举。

二、奠定学科基础研究

（一）为南诏大理国体育文化的深入研究提供了参考依据

笔者对古籍史料中关于唐宋时期南诏大理国体育的记载内容进行综合梳理，然后实地考察南诏大理国体育项目遗存概况，获得了较为翔实的第一手资料，并着重对南诏大理国体育文化的历史现象做出了较为系统的论述，对南诏大理国体育遗存项目名称、素材、图片、影像资料、器械、场地、人物传记、采访记录进行细致整理，最后对南诏大理国体育项目进行考辨，对调研所获相关素材进行逻辑推理，搞清楚了南诏大理国体育文化的本质特征，摸清楚了南诏大理国体育文化形成发展的脉络，总结了南诏大理国体育文化的社会功能、当今价值及保护传承措施。整理和挖掘出的原始材料为古代体育史研究提供了补充资料，也是为解读南诏大理国历史提供新的重要文史资料。

通过对南诏大理国体育项目进行实地调研,本研究构建了南诏大理国体育文化概念,提炼出南诏大理国体育文化的概念体系和基本原理,并对南诏大理国体育文化的历史局限性进行探索概述。为相关研究提供了理论支撑及借鉴,对南诏大理国体育文化的后续研究提供了一定的参考依据。

(二) 对民族传统体育学的学科建设有重要意义

南诏大理国白族地区的统治阶级,他们利用手中职权牢牢地掌握着当地的经济命脉、政治权利、文化资源,包括体育领域。因此,南诏大理国体育文化作为反映南诏大理国历史的一类特殊文化现象,它的出现及消亡都与南诏大理国社会的体制、自然生态环境有着密切的联系,追溯南诏大理国体育文化的历史轨迹,探寻其本质现象,揭示南诏大理国时期社会阶层的体育意识形态及体育发展理念。探索南诏大理国历史时期的体育文化现象及变迁,从特殊视角对南诏大理国体育做出全新诠释。这些研究为民族传统体育学科的发展提供参考借鉴,对民族传统体育学学科的基础建设有着重要的实际意义。

(三) 补充完善相关学科内容

第一,补充中国古代体育史研究内容。南诏大理国文化与当地白族传统体育文化融合产生的南诏大理国体育文化,既是南诏大理国社会发展到一定历史阶段的产物,又是新挖掘的历史文化遗产。南诏大理国体育文化的客观存在,恰恰说明中国古代体育史研究的不完整性。在我国体育史研究中并未提及南诏大理国时期的体育文化现象,而本研究恰恰补充和完善了这一研究领域内容,而且南诏大理国体育文化还承载南诏大理国政治制度所辐射的特有文化。因此,从政治视角反映出的特殊历史体育文化现象和内涵更显得弥足珍贵。

本研究以南诏大理国政治制度为切入点,对南诏大理国体育项目进行实地调查、挖掘、整理、复原、考辨,对南诏大理国体育文化的形成、发展、变迁、历史沿革进行实证性的研究,完整清晰地重现体育历史文化现象。因此,本研究中挖掘搜集到的原始南诏大理国体育文化素材,从内容上丰富了中国古代体育史,为其提供了有益的补充,这也是中国古代体育研究不可或缺的一部分。

第二,丰富南诏大理国文化研究。南诏大理国体育文化呈现了南诏大理国时期的体育发展历史,它也是南诏大理国文化研究必不可少的一部分。南诏大理国研究专家马廷中曾把南诏大理国文化分为两大类:"有形文化和无形文化。有形

第八章 南诏大理国体育文化的当代价值与传承发展

文化包括南诏大理国的文化遗迹、历史文物、民居建筑、服饰、饮食、民族乐器、歌舞道具、宗教器物、交际礼品、工艺产品、生活用具、生产工具等；无形文化包括南诏大理国的神话传说、史传谣谚、故事寓言、音乐舞蹈、节庆活动、民间习俗、人生礼仪、宗教祭典、习惯法规等。"但是，笔者发现南诏大理国历史研究已覆盖南诏大理国的诸多方面，然而却未包含体育内容，也许南诏大理国体育就隐藏存在于音乐舞蹈、节庆活动、民间习俗、人生礼仪、宗教祭典之中，但却未被清晰辨识。因此，把南诏大理国的历史与体育文化相结合，以南诏大理国体育为研究主线，将成熟的理论方法和理念融入特殊的体育视角，深入对南诏大理国的社会历史进行解读。这样的研究使南诏大理国文化研究必然朝着多元化、多体系的研究方向发展，进一步加深丰富南诏大理国文化，也是对南诏大理国社会历史文化的另一种文化现象进行补充。

第三，补充南诏大理国体育的研究内容。作为封建王朝对边疆民族地区进行管理的南诏大理国政治制度，对在边疆民族地区衍生发展的南诏大理国体育，无形中产生了潜移默化的影响。笔者首次提出南诏大理国体育文化的研究方向，运用和借鉴南诏大理国理论成果来充实南诏大理国体育研究的内容，在一定程度上丰富了我国南诏大理国体育的学术成果，拓展南诏大理国体育的研究空间，同时，也为民族文化的研究提供更大的空间，使南诏大理国体育的研究视野更开阔、更全面。

三、提供历史借鉴

（一）为边疆体育事业发展提供历史借鉴

南诏大理国政治制度是中央政权在西南边疆实行的地方行政体制，对稳定边疆地区的局势、调和民族关系、维护唐宋的封建统治，起到了重要作用，它的实施成为宋唐朝代解决当时民族问题的一种妥善的对策。该制度对于维护国家统一、民族团结，也是一份重要的历史遗产。对南诏大理国政治制度的研讨，不能只关注它的进步或是落后，而应将南诏大理国政治制度作为民族政策来研究，起到以史为鉴的作用，这样才能把对南诏大理国政治制度的研究引向多元化。

本研究以南诏大理国政治文化的附属文化——南诏大理国体育文化为研究切入点，对古代唐宋时期的体育文化现象进行专门研究，结合当时南诏大理国政治制度的起源和发展规律，研究南诏大理国体育文化的内涵外延；通过研究其发展历程，总结历史的利弊得失，并从南诏大理国体育的形态、发展、生命轨迹来审视南诏大理国政治制度下，西南边疆白族社会体育发展历史的千姿百态，从体育发展的角度来判断南诏大理国社会的进步与落后。从南诏大理国体育文化的新研究视角，挖掘探讨南诏大理国开展体育活动的成败史实，总结历史经验教训，认识体育文化的历史发展规律，从而为新时期的民族体育工作提供有益的历史借鉴，进一步探寻南诏大理国文化与当地白族传统体育文化之间"互动"与"融合"的微妙关系，将宝贵的历史规律及经验教训，为当今我国合理制定民族地区的体育法规，建立新型和谐的民族关系，提供参考依据。因此，具有很大的学术价值与现实意义。

以唐宋时期西南边疆南诏大理国文化与当地白族传统体育文化之间的互动为历史依据，为边疆民族地区的主要决策部门，在制定边疆体育事业发展的政策法规及贯彻执行时提供理论参考，总结借鉴历史制度对南诏大理国体育产生的作用影响，对边疆区域民族自治地区的体育事业发展提供历史借鉴及决策依据。

(二) 借鉴南诏大理国体育政治理念，古为今用

南诏大理国体育文化的研究，是为了找寻南诏大理国体育文化的本质及功能，揭示南诏大理国体育文化的基本特征。南诏大理国体育文化的本质特征就是为南诏大理国政权服务，一切围绕南诏大理国统治者的利益而开展。笔者总结南诏大理国体育文化功能及利弊，了解南诏大理国统治者如何利用南诏大理国体育为自身服务，如何在边疆开展民族体育，这对于加深、提升和丰富学术界对南诏大理国体育政治理念的认识和理解具有重要作用。探索历史时期的体育文化现象，深化民族地区的历史文化研究，借鉴南诏大理国体育文化的功能，古为今用，能真正能体现体育学研究对社会实践的重要意义。

(三) 为正确处理好边疆民族关系提供参考借鉴

区域民族文化研究是我国现今文化建设工作中的重要组成部分，各个学科领域针对不同民族的历史文化进行研究。了解历史是为了研究现在和将来，因此，研究南诏大理国体育文化内涵，勾画它的形成、演变、发展脉络、历史作用和当今价值，是响应国家文化建设的号召，顺应时代研究的潮流。南诏大理国体育文化就像南诏大理国历史的一面镜子，映射了古代西南地区社会的政治、经济、文化、体育的本质现象，承载了巨大隐形价值的"国家传统文化"。从南诏大理国体育文化的复原形态和理论构建来看，它能重现南诏大理国体育文化，是少数民

族体育文化展示的另一窗口和独特视角,具有深厚的文化底蕴。通过体育这个窗口,透视南诏大理国政治制度下宗教、经济、生态、社会、教育、生产、军事情况的方方面面,总结出有用的经验,为当前正确处理好边疆民族关系问题提供历史借鉴。

总之,对南诏大理国体育文化的研究,不仅对积淀南诏大理国体育运动发挥着积极作用,同时还对繁荣中华民族传统文化具有重要的意义,对巩固边疆白族地区的民族团结、和谐安定,促进民族地区和谐社会的发展都有不可低估的历史作用与现实意义,是传承中华民族传统文化的途径。探讨南诏大理国体育文化在影响封建中央王朝经营和管理边疆南诏大理国地区的微妙关系及作用,总结历史经验和教训,为现今边疆多民族地区的和谐发展提供参考和借鉴。

四、保护体育文化遗产

南诏大理国在特定的时期,是边疆白族地区与中央王朝联系的枢纽,南诏大理国政治制度的建立及衰败,对我国政治制度和民族关系的发展,产生着深远的影响。南诏大理国政治制度的建立、发展乃至衰亡的过程,是中国古代民族传统文化融合发展的过程。南诏大理国体育文化是个新概念,是中国古代民族传统文化的衍生延续,需要得到社会的认可。因此,客观呈现历史存在现象,是非常有必要的。同时,南诏大理国体育文化是人类的宝贵遗产,具有不可再创性。创建南诏大理国体育文化,运用科学有效的方法和手段给研究者提供理论指导,这对南诏大理国体育文化遗产的抢救和保护具有重要意义。

本研究专门对封建的南诏大理国统治时期的体育文化现象进行研究,呈现独特政治制度下的南诏大理国体育历史,论证南诏大理国体育文化具有的特殊文化价值以及非物质文化遗产属性。记录、呈现、保存南诏大理国体育历史现象,以免其被遗忘。对南诏大理国体育文化的研究目的就在于科学地保护白族文化遗产,留于后人,传之后世。把南诏大理国体育文化列为南诏大理国体育遗产并尽量完整保存下来,达到保护南诏大理国体育文化的根本目的,实现子子孙孙,永葆受用的目标,将这些民族体育文化的瑰宝传之久远。

五、提出南诏大理国体育文化传承发展思路

在我国历史长河中,南诏大理国政治制度在西南边疆地域存在了几百年,是

我国历史上特殊的政治制度。在这样的政权统治下，势必对当时的体育发展产生重要的影响。同时，南诏大理国体育文化以其鲜明的政治特征独树一帜。南诏大理国体育文化与其他民族文化在传承上有巨大的区别。

第一，南诏大理国体育文化传承的空间十分有限。南诏大理国体育文化随着南诏大理国政治制度的消亡而流失，在社会制度的变迁过程中，南诏大理国贵族后裔一代又一代地随时光流逝消失，其后人也不能再享受南诏大理国贵族特权，因此，南诏大理国体育文化的传承载体及方式相当困难。

第二，南诏大理国体育文化这个概念较为新颖，文字材料相对匮乏，已经成为遗失的文化形态，逐渐被遗忘、忽略、流失。现今，传承和延续发展思路如何提出，就是本书研究主旨。

第二节　复兴南诏大理国体育文化的瓶颈

一、社会群体对南诏大理国体育文化缺乏认知

南诏大理国体育文化是中国古代民族传统文化的衍生延续，依附于南诏大理国政治制度本身，隐藏于南诏大理国宗教仪式、南诏大理国民间艺术、南诏大理国军事训练、南诏大理国节庆盛典中。由于南诏大理国所处地理位置导致其文化传承的空间狭小，使其逐渐成为一种遗失的文化形态。现阶段广大的社会群体仍然没有意识到南诏大理国体育文化也是一种重要的、珍贵的民族文化遗产，而且是不可再生的非物质文化遗产。因此，南诏大理国体育发展的瓶颈就是社会对南诏大理国体育文化缺乏认知，造成文化普及面窄的被动局面。

二、南诏大理国体育文化学术研究匮乏

从南诏大理国研究领域来看，相关学者对南诏大理国的关注，多侧重于政治、史学方面的研究，而对其文化与其他文化进行融合研究的成果尚不多见，对南诏大理国研究的片面性及不平衡性，导致整个南诏大理国社会的全貌未能得到充分揭示而影响人们对南诏大理国社会的整体认识。南诏大理国体育文化是南诏大理国社会中不可或缺的文化形态，对南诏大理国体育文化的研究从南诏大理国社会的文化切面进行补充，以此来丰富后人对南诏大理国社会历史的全面认识。

从体育学研究领域来看，曾有部分国内学者对南诏大理国时期的体育现象有

过简略的记述，但是缺乏明确的概念表述。真正将南诏大理国政治制度与南诏大理国体育文化作为核心内容进行交叉系统研究的文献很少见，有关南诏大理国体育文化方面的专题研究文章更是凤毛麟角。

另外，对南诏大理国体育文化的研究存在文字材料匮乏，史料素材概略、零散、杂乱，历史文献记载少的问题。但是，南诏大理国体育文化研究将来势必要融入民族文化研究的主流中去，南诏大理国体育文化的整体学术研究水平有待提高。

三、南诏大理国体育文化发展面临濒危之态

首先，南诏大理国体育文化是人类宝贵文化遗产，属于曾经存在的体育历史现象，具有不可再创性。其依附特征，致使其发展历程及轨迹必须与南诏大理国政治制度保持一致，随其发展而兴盛，随其瓦解而变迁消逝。因此，南诏大理国体育文化赖以生存和发展的环境发生了改变，势必会造成南诏大理国体育文化的流失，必将转化为历史的遗产，最终随着南诏大理国政治制度变迁而消亡，逐渐被忽略遗落在历史的角落里。

另外，南诏大理国社会原有封闭、封建、落后的社会形态已经被打破，南诏大理国体育文化失去了南诏大理国政治制度的客观基础及依附支柱，随之产生了巨大的变化。绝大部分的南诏大理国体育融入少数民族传统体育中。

综上所述，南诏大理国体育文化巨大的变迁性，使南诏大理国体育文化传承空间十分有限。再加上社会制度在发展过程中，南诏大理国贵族后裔一代又一代地随时光流逝消失，南诏大理国后人也不能再享受南诏大理国特权，已褪去贵族的光环，隐于大世中。因此，南诏大理国体育文化的传承方式相当受限。

四、缺乏南诏大理国体育文化发展规划

南诏大理国体育文化持续发展的关键还在于良好的规划、管理，现阶段存在的问题就是没有一个协调部门把文化局、民委、体委、旅游局等关键部门积极地组织调动起来，化解现今各自为政的被动局面，最大化地发挥综合优势，使南诏大理国体育资源闲置情况得到改善，充分挖掘其潜在文化价值与商业价值，缺乏南诏大理国体育文化发展规划。

第三节　南诏大理国体育文化的传承发展构想

西南边疆白族地区，是我国唐宋时期推行南诏大理国政治制度最广泛的区域，也是最典型、最具有代表性的范例。经历了几百年的南诏大理国统治，特殊的地理自然环境和社会历史背景，使西南边疆南诏大理国地区逐渐衍生形成独具风格的南诏大理国文化。虽然南诏大理国政治制度在历史长河中已被其他制度所取代，但是，南诏大理国文化曾对西南边疆白族地区产生过深远的影响。本研究以体育文化为研究视角，把依附南诏大理国文化而生的南诏大理国体育文化作为研究对象，挖掘西南边疆南诏大理国地区曾出现的南诏大理国体育文化资源，创建保护传承的发展构想。

一、健全南诏大理国体育文化发展外围环境——广泛认同化

南诏大理国体育文化所面临的形势不容乐观，需要笔者对南诏大理国体育文化的传承保护工作予以充分关注，还需要对其长远发展的构想思路和具体措施进行严谨的学术探讨，并有针对性地提出对策建议。首先，应该赋予南诏大理国体育文化一个宽松有利的外围环境，逐渐形成社会群体广泛认同化，是南诏大理国体育文化发展传承的必要前提。

（一）加大政府政策辅助

加快边疆民族地区的体育事业发展，是国家民族事业发展工作的重要部分。这为南诏大理国体育文化发展道路提供了政策方面的外部支持。但是南诏大理国体育文化现今处于一个较为被动的封闭状态，缺乏传承发展的良好引导。再加上西南边疆白族群众对南诏大理国体育文化的保护意识相对较弱，使其处于势单力薄的境地。要落实传承发展南诏大理国体育文化，光依靠国家的宏观战略远远不够，必须得到西南地区各省政府部门的大力支持。因此，南诏大理国体育文化的发展需要政府部门的保障支持，实现活态传承与开发，因物赋形，因地制宜。

首先，西南边疆白族地区的政府职能部门，要对南诏大理国体育文化进行多方位、高强度、大规模的宣传活动，政府应率先给予合理的政策支持和保护，发挥政府部门的职能特权，有计划、有意识地引导南诏大理国体育文化健康发展，并且制订指导性纲要计划，统一综合考虑、全盘安排。在确立南诏大理国体育文

化发展战略部署时，各地旅游、文化、体育、媒体等相关部门要立足于南诏大理国育文化的发展，出台一系列政府层面的财政扶持计划，给予政策方面的倾斜。扶持政策的制定和执行将促进南诏大理国体育文化得到有效的传承发展。政策导向和新闻媒体的舆论宣传也是南诏大理国体育文化可持续发展的根本保证，充分利用现代传媒工具的优势进行宣传，使南诏大理国体育文化渐渐进入大众视野，并结合历史上的南诏大理国生活区域，制定当地的南诏大理国体育文化保护政策，增强当地群众对南诏大理国体育文化的保护、抢救意识。

其次，南诏大理国体育文化的传承发展离不开社会各个方面的支持，只有得到社会普遍支持，取得共识后，才能全面有效地开展工作。单靠某一地区的政府单枪匹马地来推进南诏大理国体育文化的发展是远远不够的，南诏大理国体育文化只有依靠西南地区各政府的联合力量，才能被重视，得到有效的保护、传承与发展。

最后，政府还需负责全方位的经济调控，形成稳定的经费来源，大力支持、鼓励社会各界的公益性捐助和企业赞助。政府的支持对南诏大理国体育的开发有着重要的作用。

（二）加大开发整理力度，深入挖掘南诏大理国体育项目

首先，关于南诏大理国体育的发掘和整理，是对一去不返的南诏大理国文化遗留的梳理、保护和传承，特别对那些独一无二的、具有鲜明南诏大理国特征、封建等级特征、濒于灭绝或失传的白族传统体育类别和项目，应予以重点保护和优先发掘，其最终的目的就是使得南诏大理国体育文化不至于在人类历史的长河中消失。

其次，各专家学者需重视南诏大理国体育文化的政治特征，加大挖掘整理力度，深入挖掘整理南诏大理国体育项目。通过实地调查，尽量把将散落民间、乡野的南诏大理国体育项目进行挖掘整理，有规划、有步骤、有层次地深入南诏大理国地区进行开发，对南诏大理国地区的体育遗迹进行详尽的调查，并坚持以南诏大理国体育文化的四要素，作为衡量甄别判断南诏大理国体育项目的唯一标准。

再次，中国政府历来重视白族传统文化的挖掘与开发。2005年，国务院在《关于加强保护文化遗产的通知》中指出："保护文化遗产，保护民族文化遗产的传承，是连结民族情感纽带、增进民族团结和维护国家统一及社会安定的基

础。"积极地开发挖掘南诏大理国体育文化，正是在抢救民族文化遗产工作，也是南诏大理国体育文化发展传承的重要途径。

（三）加强理论学术研究

南诏大理国文化、南诏大理国旅游和南诏大理国政治等研究新领域逐渐形成。首先，本研究首次对南诏大理国体育文化研究理论进行系统建构，不仅将南诏大理国政治制度研究由国家层面纵深推进到南诏大理国内部社会层面，而且在政治文化的广阔视域中，对南诏大理国社会各类制度进行横向考察，使南诏大理国研究不再是其他学科难以介入的领域，更加有利于体育工作者进一步展开对南诏大理国体育多元化研究。"南诏大理国体育文化"作为本研究新提出的概念，其研究才刚刚开始，之后的研究应该进行横向交叉研究。

其次，面对南诏大理国体育史料记载较少、实地调查难度大的情况，各专家学者需重视南诏大理国体育文化的学术研究进展，给予辅助和正确的引导，鼓励动员更多的体育学者进入南诏大理国体育文化研究行列。在文献调研的基础上，不能重复"从文献到文献"的传统研究套路，而必须走出去进行实地调查，尽量把散落民间、乡野的南诏大理国体育项目有规划、有步骤、有层次地进行开发、挖掘、整理。

可见，学术界应加强重视对南诏大理国体育文化的学术理论研究，同时，古滇南诏大理国体育文化研究作为新的研究领域，理论停留在较浅层次，缺乏系统的、深入的研究，需要对南诏大理国体育文化实施科学化开发，让南诏大理国体育文化的理论体系得到更完整的补充和构建，提倡鼓励对南诏大理国地区进行遗留体育现象调查，探讨行之有效的保护传承途径，提出具有科学性可推广性的论证方案，实现真正意义上的保护传承，提高研究水平，不断丰富南诏大理国体育文化的研究成果。

（四）重视南诏大理国体育文化教材的开发建设工作

南诏大理国体育文化的魅力在于它形成于特殊历史时期中，精华在于不仅与当地白族体育文化融会贯通，还凸显了其历史政治特征。首先，南诏大理国体育作为西南边疆体育文化系统中的一个子系统，根植于南诏大理国地域的历史发展长河中，在西南地区具有得天独厚的优势。因此，建议教育部或相关部门，把南诏大理国体育文化纳入西南边疆各级体育院校本科生的必修教材《体育史》中，通过高等教育传递给未来体育人才，让南诏大理国体育文化逐渐被体育人认可熟悉，争取在云南的体育院校中，宣传、介绍本地的南诏大理国体育文化发展历史。南诏大理国体育文化伴随南诏大理国历史事件生动地呈现出来，启发未来的体育人才，对南诏大理国体育文化从认知、认可，并产生兴趣，成为能保护、挖掘南诏大理国体育文化的专业人才。

其次，应重视南诏大理国体育文化教材的开发建设工作，并试用于西南地区的各个体育专业院校，也可充当特色教材使用。在西南地区各个体育院校开设《南诏大理国体育文化》相关的理论课程及《南诏大理国体育项目》的技术教学课程，并通过各种培训班、学习班、研讨会等形式来提高南诏大理国体育文化的理论研究水平，为南诏大理国体育文化的继承与推广工作创造条件。促进南诏大理国体育文化的学术研究和教学水平不断提高，使南诏大理国体育文化成功进入西南体育院校，在体育专业中实现初步的基础性传承发展。

（五）加大南诏大理国体育文化宣传力度

在南诏大理国政治制度盛行的云南边疆大理地区，极具白民族特色的南诏大理国体育与南诏大理国政治制度有了交流融合，产生了新的体育形态——南诏大理国体育文化。这个新概念，是我国古代体育文化的衍生延续[①]，需要时间得到社会的认可。它依附于南诏大理国政治制度本身，使南诏大理国体育隐藏于南诏大理国宗教仪式、南诏大理国民间艺术、南诏大理国军事训练、南诏大理国节日盛典中，长期被人们混淆、忽视和冷落。因此，要保护和传承南诏大理国体育文化首先必须加大宣传力度，提高南诏大理国体育文化社会知名度，使其得到大家广泛的认同。应该在抢救南诏大理国体育文化的前提下，提高南诏大理国体育文化的社会知名度[②]。

第一，呼吁全社会重视南诏大理国体育文化，要引起各方重视，让他们意识到这是他们民族文化的象征，要树立起文化自觉意识及认同感，充分发挥主观能动性，自觉主动地认可、保护南诏大理国体育文化，进一步认识到南诏大理国体育文化的经济价值和历史文化价值，使更多当地群众了解本地区特色鲜明的南诏大理国体育活动，唯有这样，才能达到自觉自愿对民族文化遗产进行有效保护，实现可持续发展。

第二，对于提高南诏大理国体育文化在公众中的认知度，大众传媒能起到推

---

①李莹. 南诏大理国体育文化研究概述［J］. 武术研究，2018，3（5）：105-106.
②同①。

广和宣传的积极作用。可以运用传统媒体、网络宣传、报纸杂志等多元媒体渠道进行宣传。通过传媒对南诏大理国体育文化进行多种形式的宣传,扩大影响的同时延续南诏大理国体育文化的生命力,使本为历史记忆中的"死"东西变活,复原重现南诏大理国体育文化原态,让更多人正视并感知南诏大理国体育文化的历史内涵。

第三,在古代南诏大理国遗址上修建南诏大理国体育文化博物馆,陈列南诏大理国体育相关的历史文物,还可以建立不同规模的南诏大理国体育文化走廊、南诏大理国体育文化广场,充分向世人展示南诏大理国体育文化的魅力;或者举办与南诏大理国体育文化相关的文化展览、运动会,在民族运动会及民族艺术节时宣传介绍南诏大理国体育文化。同时,还应该成立专门的南诏大理国体育武术表演队,在南诏大理国遗址等旅游景点进行表演、展示。南诏大理国体育表演要紧扣南诏大理国体育文化的历史文化灵魂,要让人们过目不忘、印象深刻;或者以多媒体、声像渠道传播,只有使南诏大理国体育文化得到展现和推广,其价值才能得到广泛的认同。

第四,应鼓励成立南诏大理国体育文化协会或南诏大理国体育俱乐部等组织,通过民间组织协会,扩大南诏大理国体育的社会影响与传播,推进南诏大理国体育文化的商品化、产业化发展,在全社会中倡导保护"体育历史文化"理念,营造崇尚南诏大理国体育文化的社会文化氛围,最终促进南诏大理国体育文化的广泛认同。

第五,政府应为南诏大理国体育文化的发展提供政策支持和组织保障,加强对南诏大理国建筑、南诏大理国遗迹的保护和修葺,保护收集整理与南诏大理国体育相关的文物古迹和地方文献①,在各地南诏大理国府衙遗迹、博物馆建立南诏大理国体育文化展示平台。用文字记录和现代影视的方式,制作南诏大理国体育文化音像制品、书籍等出版发行物,形成文化传播媒介。

二、建立南诏大理国体育文化发展内在机制——旅游产业化

南诏大理国体育文化发展历程一定程度上反映出南诏大理国时期当地白族的历史文化发展变化过程,南诏大理国体育活动也正是因为有了深厚神秘的南诏大

---

① 万义. 村落少数民族传统体育发展的文化生态学研究——"土家族第一村"双凤村的田野调查报告[J]. 体育科学, 2011, 31 (9): 41-50.

理国历史背景及特色鲜明的少数民族文化积淀，才会具有截然不同于其他体育项目的特殊价值。要让南诏大理国体育文化拥有更强的生命力，得到科学发展传承，必须优化南诏大理国体育文化结构，与当地最具特色的民族文化资源紧密结合，与当地旅游产业发展相结合。西南边疆具有绚丽多姿的民族文化资源，古老神明的南诏大理国历史遗存、多彩多姿的民族体育资源，三者紧密结合，形成多元的南诏大理国体育文化旅游资源。要真正使南诏大理国体育文化得以千百年的持续传承，紧靠外部环境的支持，是远远不够的，应该转变观念，发展南诏大理国体育文化不仅仅是补救工作，也可以树立一种产业意识。先对南诏大理国体育旅游产业化的独特优势进行分析，以南诏大理国体育旅游资源产业化开发原则制订具体方案及运作模式，最终提出南诏大理国体育旅游产业化发展战略。

(一) 南诏大理国体育旅游产业化必要性分析

1. 迫切性

首先，南诏大理国政治制度在西南边疆地域存在了几百年。这样的封建专制统治，势必对当时的体育文化产生重要的影响。南诏大理国体育文化的依附特征，致使其发展历程及轨迹必须与南诏大理国政治制度一致，随其发展而兴盛，随其瓦解而消逝。南诏大理国体育文化终将随着南诏大理国政治制度变迁而变化，必将转化为历史的遗产。因此，南诏大理国体育文化传承的空间十分有限，被遗忘在历史的角落里，已经成为一种濒危的文化形态，逐渐被遗忘、忽略、流失，面临即将消失的困境。对于曾经存在的体育历史现象，在被世人忽视的同时走入即将消失的境地，南诏大理国体育文化的保护和传承工作相当迫切。

其次，南诏大理国体育文化是民族体育文化的分支，以其鲜明的政治特征独树一帜，代表白族南诏大理国所统治地区的体育历史文化，也代表极具特色的区域性民族体育文化，必然具有一定的历史意义。南诏大理国体育文化赖以生存和发展的环境发生了改变，势必会造成南诏大理国体育文化的流失[①]。探寻历史上特殊政治时期的体育活动现象，对不同历史时期的体育文化现象进行研究，呈现南诏大理国政治制度下的民族体育历史，是体育学者责无旁贷的职责。鉴于以上原因，使南诏大理国体育文化的保护任务显得日益紧迫，必须抓紧时间对西南边疆南诏大理国体育旅游进行产业化发展。

---

① 李莹. 南诏大理国体育文化研究概述 [J]. 武术研究，2018，3 (5)：105-106.

2. 重要性

南诏大理国体育历史包含和反映了当时的体育模式、体育形态、体育内涵，并承载南诏大理国地区各族的社会历史和文化符号，是民族体育文化传承的重要载体。因此，将南诏大理国体育遗迹进行复原，使南诏大理国体育项目与其自身所蕴含的文化活态一并传承下来，促成南诏大理国时期的体育文化与现代体育文化进行衔接，让南诏大理国体育文化得以延续。可见，南诏大理国体育文化的存在充分说明它具有不可忽视的历史价值，也凸显自身传承功能的价值。无论是从认识历史出发，还是作为现实的参考，对西南边疆南诏大理国体育进行全面、系统的保护和传承是十分必要的。

南诏大理国体育文化随着南诏大理国政治制度的变迁、瓦解而消失，为了探寻已消失的南诏大理国体育文化，可以通过在南诏大理国遗址呈现南诏大理国体育原态，利用影像资料介绍南诏大理国体育遗迹等多种方法对其进行复原。通过视觉的冲击，让南诏大理国体育重现在人们面前，使其与自身所蕴含的文化活态传承下来，以静动结合的展览模式，全方面地展现南诏大理国体育形态及文化；以发展南诏大理国体育文化旅游产业化作为一个长期思路，对于南诏大理国体育文化的推广普及具有重要的现实意义，这也是传承保护南诏大理国体育文化的最佳途径[①]。

(二) 南诏大理国体育旅游产业化独特优势

1. 丰富的历史文化性

南诏大理国体育文化作为体育文化的一个组成部分，它是一种深厚多元、凝聚历史的文化体系。其别具一格的封建色彩，正是其他体育文化无法相比的特质优势。南诏大理国体育文化对南诏大理国社会、南诏大理国统治者、南诏大理国民众都产生着巨大的影响，在南诏大理国政治制度的推行中起到了重要的作用。如南诏大理国军事、娱乐、祭祀等活动中，南诏大理国体育必然出现，承载了南诏大理国治下社会群体的心理寄托和社会意识，使南诏大理国体育成为白族群众在南诏大理国社会中不可或缺的重要组成部分。

南诏大理国体育产业属于体育文化、南诏大理国文化、历史民族文化的交叉范畴，具有重要的历史使命感，同时又具有文化产业性质，是一去不返的历史文

---

① 李莹. 南诏大理国体育文化研究概述 [J]. 武术研究，2018，3 (5)：105-106.

化遗留。利用西南边疆独一无二的南诏大理国体育文化进行旅游产业化发展，从经过提炼的南诏大理国体育项目中摄取和继承南诏大理国文化、民族文化的精华，是南诏大理国体育旅游产业化发展的独特优势。

2. 浓郁的民族特色优势

南诏大理国体育文化是西南边疆各族人民在南诏大理国时期社会生活中的客观现象，一定形态的南诏大理国体育文化存在于一定民族生活范围之内，表现出各自不同的民族特征。西南少数民族众多，当地白族的南诏大理国体育文化自然地被赋予了民族性。南诏大理国体育文化中的民族特征是南诏大理国体育项目与众不同的特殊烙印，蕴含着白族的生活习性、思维方式、行为特征及价值观念。因此，南诏大理国体育活动代表南诏大理国地区白族个性与白族风格的体育形态。

3. 较强的地域优势

南诏大理国体育文化必须根植于云南少数民族地区，才能有生命力及一切文化价值。南诏大理国体育文化具有较强的地域优势，这种优势又与旅游业发展息息相关。旅游人口是南诏大理国体育商业化消费主体，游客通过参与付费型的南诏大理国体育活动，体会南诏大理国体育文化运动带来的新奇与刺激。因而，南诏大理国体育地域优势与旅游产业相互推动是南诏大理国体育旅游产业发展的基础。

（三）南诏大理国体育旅游资源产业化开发原则

1. 旅游开发与遗产保护同步，实现活态传承与开发

南诏大理国体育文化是长期历史积淀的产物，属于无形文化遗产，南诏大理国府衙遗迹是南诏大理国文化的有形遗产，在开发南诏大理国体育文化旅游资源时，必定要以有形的文化遗产作为依托。因此，有必要以保存完整、风格独特的南诏大理国遗址为南诏大理国体育文化旅游基地。通过在旅游基地展示南诏大理国节日庆典形态、祭祀仪式等，向旅游者展示原生态南诏大理国体育项目。在开发挖掘过程中，必须保证旅游开发与遗产保护同步，实现活态传承与开发；在展现南诏大理国体育文化的同时，要与时俱进，不断创新开拓体育遗产保护的新思路；拒绝"文化搭台，经济唱戏"的配角表演。因此，在开发南诏大理国体育文化旅游资源时应注重传承、保护南诏大理国的历史特征，避免一些破坏性、毁灭性、扭曲性的开发。

2. 多元特性联合开发原则

历史上,南诏大理国曾统辖我国西南边疆地域,其影响力不言而喻,以此产生的南诏大理国文化是南诏大理国时代白族劳动人民创造的物质、精神财富,与整个西南民族历史有着割不断的历史、文化联系。南诏大理国文化中的南诏大理国体育文化是珍贵的民族文化遗迹之一,具有重要的旅游开发价值。将西南的民族文化、地域文化、民俗文化、南诏大理国文化与体育文化视为一体,共同开发。在挖掘开发南诏大理国体育时要注重参与性、观赏性、多样性、特色性、互动性、娱乐性等多元特性联合开发原则突出民族性和地方特色,发挥"人无我有"的优势。

(四) 南诏大理国体育旅游产业化方案

1. 确定发展目标

对西南这样民族众多、历史文化资源丰富的边疆地区,依托南诏大理国体育文化这一特殊的历史资源,借助旅游业发展的良好形势和民族文化建设中有利政策和社会环境,在发展南诏大理国体育文化旅游产业的同时,使南诏大理国体育文化得到有效的传承和保护,正是南诏大理国体育旅游产业化的发展目标。下面将以发展南诏大理国体育文化旅游产业作为一个长期实践模式来进行综述。

2. 确定市场定位

南诏大理国政治制度、南诏大理国文化、南诏大理国生活等相关的一切历史文化,各地游客都会觉得神秘好奇。因此,开发南诏大理国体育文化旅游资源时,应该抓住游客的需求心理,以南诏大理国体育的形式呈现几百年前的边疆的体育娱乐方式。同时,应抓住国内旅游市场的趋势,以神秘的历史文化吸引旅客。将南诏大理国体育文化旅游市场定位为普通游客的底层消费,以工薪阶层的旅游者为消费主体,打造亲民价格,这样才能大力拓展西南地区的南诏大理国旅游市场。

(五) 南诏大理国体育旅游资源开发的可行性分析

把在历史变迁的过程中与南诏大理国体育文化相关的一些有形物质文化和无形非物质文化进行复原,融合形成一种高度融合的南诏大理国体育文化符号,展示给外来参观者,那么南诏大理国体育旅游资源开发是否可行,是否有可取之处,笔者先论证其开发可行性。

第八章　南诏大理国体育文化的当代价值与传承发展

1. 南诏大理国体育旅游产业中的资源条件分析

南诏大理国体育旅游如何产业化，是个较为现实的问题。在大力发展旅游产业的今天，许多民族文化资源已经展现了作为人文景观的独特魅力和现代旅游价值，被称为"少数民族文化产业"，它具有浓浓的乡土味、鲜明地域性和民族特色，同时也有分割性、分散性等特质。南诏大理国体育文化具有鲜明的南诏大理国特征、独特的边疆民族文化特征和对外来游客颇具吸引力的神秘感，同时还向世人展示了南诏大理国政治制度下各民族的生活习惯、民俗活动、宗教信仰、体育活动的发展形态，这些都是旅游开发的优势资源。

另外，白族地区别具一格的南诏大理国文化风情，依托深厚的南诏大理国历史文化资源，具有发展旅游产业的基本条件及足够资源。科学合理开发和利用南诏大理国体育文化旅游资源，对于实现南诏大理国体育文化旅游的可持续发展具有极其重要的意义。在发展南诏大理国体育文化旅游产业的同时，使南诏大理国体育文化从历史中重新回到人们的视野中，将南诏大理国体育旅游产业作为拓展途径，使南诏大理国体育文化有长期依附主体，这样有利于南诏大理国体育文化的传承作用。因此，发展南诏大理国体育文化旅游业不失为一条可行的开发性保护传承途径，也必将为西南边疆少数民族地区旅游增加特色与亮点。

2. 南诏大理国体育旅游产业中的资源整合情况分析

南诏大理国体育文化具有鲜明的民族特征，在开发南诏大理国体育文化旅游资源时，要整合西南边疆少数民族地区不同民族的体育资源。西南地区少数民族之间相互交往、相互影响，在历史文化遗产方面，又有不同程度的相似之处和共性，形成了"你中有我、我中有你"的格局。因此，在进行南诏大理国体育旅游资源整合时，要坚持系统与协作的原则，处理好个性与共性的关系，并强调共同发展，促进各民族的融合团结。如果割断了民族文化连接、继承和发展的脉络，也就破坏了各个民族之间的和谐稳定。

白族群众有的生活在高山峡谷、崇山峻岭之中，有的生活在高原和草原上，有的生活在依山傍水、风光秀丽的坝子上。不同的自然条件与地理位置，其谋生和生产活动的方式也有很大差别，由此而孕育出的民俗活动更是五彩纷呈，各有千秋。云南大理，素有"风花雪月"四绝之美。苍山洱海那美丽无比的自然风光，也孕育了白族人民许多独特的民俗景象。这里有绕三灵、蝴蝶泉的浪漫气息，有耍海会上赛龙舟的龙腾虎跃，有火把节、星回节烈焰般的激情，更有三月街中一览无余的富庶繁荣。当然，许多白族人民是生活在高山峡谷、密林深处的。他们为了保护庄稼、防身、狩猎以及丰富自己的生活,逐渐形成了与生产劳动密切相关的、具有山地民族特色的各类体育活动。弩弓和箭是这些少数民族男子汉的随身之物①。南诏大理国白族的神箭手,可用箭射刀刃,一箭射出,箭杆和箭花都被劈成两半,怒族的神箭手可以把箭射到很小的铜钱眼里。这些少数民族的男子生前与弩弓、箭包为伴,死后弩弓和箭包也就成为随葬品。总之,一定的地理自然环境,必然产生与之相适应的生产劳动方式,并由此演化出具有民族特征的民俗景象及民族体育活动,成为民族精神的象征和维系民族情感的重要纽带。

总之,西南边疆白族地区有丰富的白族文化资源、悠久的南诏大理国历史文化资源、特殊的边疆地域资源,多样的白族体育资源。从挖掘南诏大理国体育旅游资源的意义上看,注重整合西南众多的资源优势,开发打造南诏大理国体育文化旅游品牌是保护传承南诏大理国体育文化的最佳途径。以此来整合开发具有封建南诏大理国特征、白族风情、旅游人文特征、民族体育特点的新兴旅游文化产品。

3. 南诏大理国体育旅游产业中的经济状况分析

民俗是民众长期生活中所形成的特殊习俗与方式。人们生存的自然地域环境和社会人文环境的差异②,会导致人们生活方式、思维方式、行为方式及体育文化模式的迥异,使体育形态的深层底蕴中,交织着一个民族的生产方式、生活习俗、文化模式和民族心理结构种种因素的制约和影响③,而呈现独特的民族风格。南诏大理国体育正是在与其民俗活动的交融中形成独具特色的民族文化形态,并在民间推进了民族传统体育的社会化与全民族性特征。

南诏大理国体育旅游产业是人文旅游的重要组成部分,它以罕见的南诏大理国特征、鲜明的民族特性、浓郁的原始气息、浑厚的历史氛围、显著的地域差异,以及多元的表现形式,对国内外旅游者产生巨大的诱惑力和感召力④。通过扶持、引导和发展具有南诏大理国体育文化特色的旅游资源进行产业化运作,将有利于推动边疆白族地区的旅游业发展,最终获得社会效益并产生更多的经济效

---

① 江炎,范本祁,龙佩林,等. 湘、鄂、渝、黔边区苗族传统体育的健身价值及民族地区全民健身体系构建 [J]. 运动, 2017 (21): 148-149.
② 曹艳,李红梅. 云南少数民族体育及健身价值 [J]. 楚雄师范学院学报, 2007 (3): 88-93.
③ 黄学诚,朱艳. 南方丝绸之路视域下云南跨境民族体育赛事发展研究 [J]. 云南农业大学学报(社会科学版), 2018, 12 (3): 120-126.
④ 韦丽春. 南丹白裤瑶传统体育文化旅游资源开发价值的研究 [J]. 菏泽学院学报, 2008 (5): 101-106.

第八章　南诏大理国体育文化的当代价值与传承发展

益，成为开创发展南诏大理国体育文化旅游的经济新路。

利用南诏大理国体育文化新概念吸引游客，建立南诏大理国体育文化宣传平台、开发相关南诏大理国体育文化观赏产品，使南诏大理国体育文化遗产得到传承与复兴。强调以南诏大理国体育文化的历史文化、原态重现、历史内涵为优势旅游资源，来扩充和丰富南诏大理国体育文化旅游产业的平台，使之更为广阔丰富。

传统节日盛会，要开展丰富多彩的民族民间体育活动，同时进行盛大的民族经济贸易活动，这些活动的开展能有效地促进了各民族的商业贸易与经济交往[1]，推动民族地区经贸事业的发展。例如，三月街是白族人民具有悠久历史的传统节日，这一活动在现代已逐渐演变为融民族体育、文艺、娱乐与经贸活动为一体的民间传统集会。三月街期间，来自祖国各地的宾客及来自世界各国的朋友一道观赏精彩的赛马、霸王鞭、打歌等南诏大理国体育文艺表演和比赛，同时，三月街还举办各种大型的商业贸易活动，有力地推动大理及周边地区民族经济的发展，因此，三月街已被人们誉为"洱海边上的广交会"。

目前，借助南诏大理国体育竞赛活动形式，推动云南大理地区经济发展，已被广泛采用。南诏大理国体育本身也含有巨大的商业价值潜力。例如，南诏大理国体育的竞赛与体育表演[2]，体育的咨询培训服务，体育器材、服装，以及体育运动会期间的门票、奖券、彩票、吉祥物、纪念品、电视转播费、商品广告费等都具有特殊的商品经济价值[3]，对促进社会经济发展具有重要的意义。另外，借助南诏大理国体育活动形式拓展白族地区旅游业，也具有显著的现实意义，旅游本身就具有体育活动的含义[4]。

4. 南诏大理国体育旅游产业中的旅游品牌创新分析

开发文化旅游，必须以旅游价值极高的区域特色资源为主，它能赋予旅游目的地不同的精神内涵，以此增强旅游目的地的吸引力[5]。笔者要开发南诏大理国地区旅游，就要注入南诏大理国体育文化这样的历史文化概念，以古代西南边疆南诏大理国地区，白族群众世世代代创造、传承和转化而遗留下来的体育形式作

---

[1] 尹成功. 广西少数民族体育经济发展现状及对策研究 [J]. 文体用品与科技，2021（6）：108-109.
[2] 黄秋月. 广西红枫旅游节与体育旅游融合开发路径研究 [J]. 体育世界（学术版），2017（10）：14-15.
[3] 王晓晨，乔媛媛，潘兰芳，等. 桂西北少数民族传统体育的心态文化及其新时代延伸 [J]. 体育科技文献通报，2022，30（1）：234-236.
[4] 尹成功. 广西少数民族体育经济发展现状及对策研究 [J]. 文体用品与科技，2021（6）：108-109.
[5] 马廷中. 卓克基地区土司文化与旅游发展 [J]. 民族学刊，2012，3（5）：30-36.

为核心旅游资源开发。

总之，南诏大理国文化的产生，造就衍生了南诏大理国体育文化。从旅游资源开发角度来看，在开发南诏大理国体育文化旅游品牌时，要以南诏大理国文化为依托和引导，对南诏大理国时期的体育形态、特征进行详细描述，开发"南诏大理国贵族体育""南诏大理国军事体育""南诏大理国祭祀体育""南诏大理国民俗体育"等系列的文化主题，开发、创新和树立体育文化旅游品牌，创建有机的体育文化生态系统，使其具有巨大的吸引力和市场开发潜力。

（六）南诏大理国体育旅游产业化发展构想

西南独特的南诏大理国体育项目及文化内涵，处于边缘状态，被世人遗忘，冰封于人们的记忆中。因此，南诏大理国体育文化要得到认可、发展、传承，必须强调其文化的观赏性、神秘性历史性，形成独树一帜的多元民族体育文化产品。同时，笔者还认为，复兴南诏大理国体育文化如果离开了较多的民族文化特色、地域特性、历史时代烙印，就会失去社会发展的需求和物质方面的基础。这就要求把南诏大理国体育文化进行现代化包装，取其精华，推陈出新，在保持南诏大理国体育原生态的基础上，达到现代体育文化进行产业化发展的真实目的。对南诏大理国体育旅游产业化发展必须有实事求是的态度，才能提出产业化开发的具体措施与建议。

1. 结合实际、科学规划、确立优势

结合南诏大理国地区经济社会发展的实际水平，着力构建现代体育产业化道路，充分发挥和利用西南边疆南诏大理国遗存、自然资源、民族资源，科学规划开发投资少、见效快、有优势、影响广的体育旅游产品，结合西南旅游实际，确立有影响、有特色、有吸引力的南诏大理国体育旅游主题文化。真正形成具有历史文化、边疆风情、民族特色的体育旅游产业。

2. 大力宣传，发展南诏大理国体育精品项目

第一，要树立宣传和广告意识，充分利用各种传媒和手段加大南诏大理国体育旅游产品的宣传促销力度，在全社会中倡导"体育历史文化"理念，营造崇尚南诏大理国体育文化的社会文化氛围，才能使南诏大理国体育旅游产业化的发展具有强盛的生命力[1]。第二，利用白族节庆狂欢活动，举办具有民族特色的南

---

[1] 饶远，张云钢. 体育旅游业发展对策研究——以云南体育旅游资源的开发研究为例 [J]. 思想战线，2003（1）：33-36.

诏大理国体育文化展览，建立南诏大理国体育市场体系以及配套措施和政策，使之成为具有知名度的南诏大理国体育旅游品牌，呈现人无我有，独树一帜的优势。

3. 保护南诏大理国生态环境，可持续发展

西南地区开发南诏大理国体育旅游产业，应谨记环境保护，强化自然、社会、生态的协调发展，切忌破坏生态环境，只有自然环境生态得以保持平衡，南诏大理国体育旅游产业的市场才能健康、稳定地持续发展。

4. 制定政策，形成多元化的社会投资格局

建议政府等职能部门，制定南诏大理国体育旅游产业发展的保护性政策，并依托相关优惠政策，鼓励社会各界积极参与投资有历史特征的体育旅游产业发展，只有得到社会各个方面的支持，才能形成依靠社会、依托市场、多元化、多形式的南诏大理国体育旅游产业发展新格局[1]。

（七）南诏大理国体育旅游产业化运作模式

1. 静态观看模式

南诏大理国体育文化贯穿于唐宋时期的边疆白族地区，在南诏大理国社会发展、繁荣、衰败的历史进程中，一切能够属于体育范畴，并对当代南诏大理国社会发展产生作用和影响的文化因素都是现代旅游开发的资源。同时，南诏大理国体育在其发展过程中的文化反映，是遗留的历史体育文化符号，映射了南诏大理国时期的体育特征。在时代变迁的过程中，对于一些无法还原的南诏大理国体育形态，以体育的遗留实物进行展示，尽力把与南诏大理国体育密切相关的有形体育物质文化内容进行收集，形成一种高度融合的南诏大理国体育文化符号，以这些文化符号为历史线索，向人们展示南诏大理国体育文化传承的历史沿革。

首先，设置专门以南诏大理国体育文化为主题的展示区。在现今尚存的南诏大理国遗迹处，如南诏大理国府衙、南诏大理国公馆、南诏大理国文物陈列馆，或者民族博物馆，开辟南诏大理国体育文物陈列馆、南诏大理国体育文化展示区。在这样承载着南诏大理国风土人情的历史空间，使南诏大理国体育文化遗产得到自然、全面的展示和保护，能真正发挥传承南诏大理国体育文化，传播人类历史文明的社会功能。在展区内把南诏大理国时期人们参与体育活动时遗留下的

---

[1] 梁月红. 体育市场营销学 [M]. 重庆：重庆大学出版社，2017：206.

遗物、遗迹，及各种实物资料、物品、照片、器材进行实物展览。有条件的展厅还可制作精品类的南诏大理国体育文化宣传片，讲述南诏大理国体育文化的产生、发展、演变、变迁，以更加生动的故事情节向游客展示南诏大理国体育文化的精髓①。例如，开设"南诏大理国军事体育系列"展示区，南诏大理国军事体育可以结合南诏大理国的对外抗敌、保家卫国的历史事件进行汇编展示，留给游客较为深刻的印象；还可以南诏大理国体育为主题，向游客呈现古代西南贵族的奢靡生活。不论是展览者、参展者都是保护南诏大理国体育文化的传承者、所有者及载体。人们可以用肉眼观察直观的事物，这可以给人一种直接的视觉冲击感，这种视觉直观的冲击比起无形文化的传播更有效果。因此，要大力开发以南诏大理国体育文化为展览的旅游主题，形成南诏大理国体育文化旅游的静态观看模式。

其次，制作精美的《西南边疆南诏大理国体育文化》小图册，免费发放给游客，图文并茂地向游客展示南诏大理国体育的历史渊源，向人们揭秘古时南诏大理国贵族的生活习性，让有限的游客起到无限宣传的作用，最后达到广而告之的功效，让南诏大理国体育文化得到最大化的宣传，被更多人认知。

2. 活态参与模式

活态南诏大理国体育文化旅游就是把南诏大理国体育文化活灵活现地呈现出来，使游客在感受之余可尽兴参与，开展场地可在庭院、花园等室外空地上，依据南诏大理国节庆、祭祀、习俗开展的庆典活动，以南诏大理国体育为主要表现形式，贯穿整个仪式。不仅能够丰富旅游产品结构，还可增强参与性、娱乐性和体验性，是多元于一体的综合性旅游活动，对于提高知名度、推动南诏大理国体育文化的交流能起到重要的作用。例如，在南诏大理国宗教仪式中举行各种祭祀武舞体育。

南诏大理国体育文化旅游活态参与模式的设计要突出游客的参与性，以重现南诏大理国体育原态为旅游的亮点，让人们身临其近的感受南诏大理国体育文化，以满足广大旅游者的各方面旅游需求为主要目的。我国西南白族地区，都曾为南诏大理国区域，民间信仰的文化空间十分广阔，民族村寨里设有许多祭祀神台。活态南诏大理国体育文化旅游模式，能借助南诏大理国府衙、南诏大理国庄园等遗迹，最大化呈现南诏大理国历史文化，对南诏大理国体育文化的活态旅游提供支撑。

---

①李莹. 南诏大理国体育文化研究概述 [J]. 武术研究，2018，3（5）：105-106.

第八章 南诏大理国体育文化的当代价值与传承发展

本章小结

南诏大理国体育文化是内涵丰富、历史文化底蕴深厚、独具神秘特色的制度性历史文化遗存。普及南诏大理国体育文化的存在，实现认同感，创建静动结合的旅游模式，全方位地展现南诏大理国体育形态及文化，使人们对南诏大理国体育文化有清晰的感官印象，这样的方式是传承保护南诏大理国体育文化的最佳途径。

第九章

结　语

本研究首次提出的南诏大理国体育文化概念是整个南诏大理国文化的一部分，也是白族文化的历史遗产。为了保护传承被世人遗忘的南诏大理国体育文化遗产，笔者依据时间——南诏大理国时期、空间——南诏大理国地区为研究范畴，从体育文化的研究视角，对南诏大理国社会产生的体育历史现象进行深层研究，得出以下结论。

一、创新南诏大理国体育概念

通过史料调研、实地调查等引证工作，复原南诏大理国体育文化的外部形态，实证了南诏大理国体育文化的客观存在性，对其概念进行精确定位。概述为：根据南诏大理国政治制度的需要，统治者提炼、承袭、整合当地白族体育的同时借鉴、吸收、融合外来体育项目，与当地白族文化融合而形成的符合当时主流社会需求的特殊体育文化，最终服务于南诏大理国政治制度的民族体育观和一整套的体育思想理念。

二、形成南诏大理国体育判断标准

形成判断南诏大理国体育文化标准，第一是时间要素，南诏大理国体育项目必须存在于唐宋时期；第二是空间要素，南诏大理国体育项目必须存在于南诏大理国管制地区；第三是人物对象，组织者必须是南诏大理国统治者，实践者为南诏大理国统治者或当地民众；第四是核心要素，南诏大理国体育必须符合统治阶级利益[①]，服务于南诏大理国政权统治，既要遵循南诏大理国的令制，又要符合

---

① 李莹，李雨衡．土司体育文化理论体系构建研究［J］．山东体育学院学报，2017，33（3）：67-73．

当地的民俗习惯。四个要素紧密联系，形成判断南诏大理国体育文化的重要标准①。

三、构建南诏大理国体育概念体系

从南诏大理国体育文化的"制度文化、物质文化、精神文化、行为文化"四个要素来论述南诏大理国体育文化的内在结构，以特殊的形态特征、规则制度、功能结构、组织方式凸显其南诏大理国体育文化的符号和标记，然后以军事特征、依附特征、阶级特征、独享特征、地域特征、包容特征、示范特征、行为特征、传承特征、变迁特征、民族特征、时代特征以及必须为南诏大理国政权服务终身的本质特征，严格区别于其他形式的体育文化。

四、考辨南诏大理国体育项目

南诏大理国体育文化成为一种濒危的文化形态，逐渐被遗忘、忽略和流失，访谈对象在选择上存在样本量过小的问题，同时由于受访者受社会环境、阅历等影响，对南诏大理国体育文化提供不同解读，其存在、开展方式的可信度都有待考证核实，有时竟出现截然相反的观点，所述事实的可信度有待考证。这就需要笔者利用史实材料进一步核实甄别，去伪存真。在个别案访谈中，受访者口头表述的内容、采访所得的素材等这些笼统称为"口述文献"的资料包含了主观意识，访谈对象所给的口述材料虽然为第一手的素材，但不免有失其客观性，这就需要甄别筛选。但是，在对南诏大理国体育项目进行考辨论证时，存在古籍史料不足、相关文字记载缺乏的问题，实地调研素材难以在史书中得到印证，论证南诏大理国体育文化存在的客观性出现较大难度，难以做到论从史出。笔者通过克服重重困难，完成了南诏大理国体育文化的考辨工作，分别从南诏大理国军事体育，包括机构制度、武术、郁刀、浪剑、象术、骑射；南诏大理国宗教节庆体育，包括龙舟竞渡、滚火龙、霸王鞭；南诏大理国宗教庆典中的体育，包括绕三林、火把节；南诏大理国礼教体育中的礼射、投壶；南诏大理国娱乐体育，狩猎、打歌等五个方面对南诏大理国体育项目进行考辨。

---

①李莹，李雨衡. 土司体育文化理论体系构建研究 [J]. 山东体育学院学报，2017，33（3）：67-73.

五、追溯南诏大理国体育源流

南诏大理国具有悠久的历史，充分认识、深入研究南诏大理的体育文化现象、特质，把握其发生、发展的原因及规律，才能真正达到系统整理的目的。通过对南诏大理国体育的多方位的研究，不难发现，南诏大理国体育的产生并不是单一的、孤立的，它依附于民族文化的广阔背景，因而形成南诏大理国体育产生的多渠道性[①]。概括地说，南诏大理国体育是特定民族文化的反映，它同白族的生产方式、生活方式密切相关，是白族群众生存斗争的手段，也是体力、心理锻炼的特殊方式，还是南诏大理国体育养生文化的精华。南诏大理国体育文化起源于古代白族百姓生存需要，起源于南诏大理国时期频繁的战争，起源于南诏大理国时期白族群众宗教信仰的需求，起源于白族先人适应自然的需要，起源于南诏大理国白族群众娱乐需求，起源白族群众情感文化交流需求，起源于南诏大理国统治者和群众的养生保健需求。

六、归纳南诏大理国体育发展历程及轨迹

南诏大理国体育文化的发展历程分为：萌芽阶段、形成阶段、衰败阶段。萌芽阶段是南诏大理国文化与当地白族传统体育文化互动之初，南诏大理国统治者随俗而治的政策为两者的互动发展提供了条件，完整的南诏大理国政治制度是两者互动发展的保障，随着南诏大理国政治制度的初步稳定，为两者的互动形成了奠基；形成阶段是南诏大理国文化与当地白族传统体育文化交融至深时，南诏大理国兵制的推行形成"军事体育"一枝独秀之势，南诏大理国宗教制度的推行形成宗教体育繁花似锦之态，南诏大理国经济发展形成"娱乐体育"独领风骚之势；衰败阶段是南诏大理国文化与当地白族传统体育文化分化变迁，南诏大理国的大部分体育项目回归到少数民族传统体育中，部分南诏大理国体育项目不同程度地转化融合到其他体育形态中，或随南诏大理国王朝的灭亡而消逝。南诏大理国体育文化发展轨迹在不断地循环演进中，造就了南诏大理国体育文化的繁荣之景，宋代末期南诏大理国体育文化的开始回归变迁。

---

① 丁玲辉，毕卫忠. 藏族传统体育活动的形成与起源因素探析 [J]. 西藏大学学报（汉文版），2006（2）：97-103.

七、提炼南诏大理国体育形成机制

南诏大理国统治者为了自身统治阶级的利益，利用不同的南诏大理国体育项目，满足南诏大理国统治者的政治需求、娱乐需求、教化需求、宗教需求，导致极具民族特色的当地白族传统体育文化与南诏大理国文化有了交流融合，从而形成了南诏大理国体育文化。其中，包含特殊的自然地理环境、复杂的社会历史环境及社会经济基础三大外在条件及政治、战争两大内在需求，在形成的历史进程中始终遵循共同地域环境、共同生活习俗、共同主体对象、共同宗教信仰四方面共性融合机制规律。历史发展表明，浅层南诏大理国体育文化生成时，存在于南诏大理国社会群体的生活习俗中；深层南诏大理国体育文化生成时，存在于大众的道德习惯中，逐渐深入民族的深层意识。由浅至深、由表及里的生成机理，使南诏大理国体育文化循序渐进地根植于南诏大理国地区的统治者和被统治者这两大群体中，具有相当高的历史存在价值。

八、总结南诏大理国体育社会功能及历史地位

南诏大理国体育文化具有保边戍疆的军事功能、稳定南诏大理国社会的凝聚功能、控制百姓意识的宗教功能、满足多层次精神需求的健身娱乐功能、最终形成捍卫南诏大理国政权的主要政治功能。然而，南诏大理国体育文化的主导者是南诏大理国统治者，具有为少数统治阶级服务的特征，必然存在其发展的历史局限性，严格等级制度限制了南诏大理国体育公平发展，封建割据性阻碍了南诏大理国体育文化的交往融合，残酷的剥削压迫成为南诏大理国体育发展的障碍，南诏大理国的消亡终结了南诏大理国体育的生命。最后，运用一分为二的辩证方法客观评价南诏大理国体育文化存在的历史作用。可见，研究南诏大理国封建社会的体育文化，其实是对南诏大理国体育内容的补充，南诏大理国体育文化仍然是民族体育史上一个不容忽略的历史要素，并占有重要的历史地位。

九、传承南诏大理国体育发展构想

把依附南诏大理国文化而生的南诏大理国体育文化作为研究对象，以传承保护南诏大理国体育文化为目的，提出了对策建议及设计思路。

第一，建全南诏大理国体育文化发展外围环境，形成广泛认同化：通过加大

政府政策辅助、加大开发整理力度、加强学术理论研究、加大宣传力度等措施手段，营造南诏大理国体育文化良好的发展环境，使南诏大理国体育文化得到社会的广泛认同。

第二，建立南诏大理国体育文化发展内在机制，形成旅游产业化：分析论证南诏大理国体育旅游产业化独特优势，设置南诏大理国体育旅游资源产业化开发原则，设计南诏大理国体育旅游产业化方案，提出南诏大理国体育旅游产业化发展构想及产业化运作模式。

综上所述，本研究在体育原型基础上，探索创新出南诏大理国体育文化这一新的体育理论概念，开辟了新的探究领域。通过实地调查，实证南诏大理国体育的存在性，复原构建了南诏大理国体育文化形态，为南诏大理国体育文化的后续研究提供了厚重的历史依据[①]、理论支撑及参考价值。同时，补充完善了体育学科内容，对民族传统体育学学科建设有重要意义。笔者以大量实地调研素材为研究基础，综合运用多学科的原理与方法，对南诏大理国体育文化的历史源流、发展轨迹、形成机制、功能价值进行了创新论证，形成了南诏大理国体育文化概念、特征、内涵、本质、结构等一系列新的理论框架，突破、创新、补充了原有的南诏大理国体育研究模式，这将推动南诏大理国体育进入更深层的研究领域。至此，本研究通过对南诏大理国体育文化的研究，古为今用，为边疆体育事业发展提供历史借鉴，也为正确处理好边疆民族关系提供参考；以保护南诏大理国体育文化遗产为目的，提出了传承保护南诏大理国体育文化方面的建议措施，对努力实现"留于后人，传之后世"的目标，具有一定的决策参考意义和应用价值。

---

① 李莹. 南诏大理国体育文化研究概述 [J]. 武术研究，2018，3（5）：105.

参考文献

古籍

[1] 樊绰．蛮书［C］//南诏大理历史文化丛书：第1辑．大理：大理白族自治州文化局出版，1998.

[2] 常璩．华阳国志校注［M］．刘琳，校注．成都：巴蜀书社，1984.

[3] 檀萃．诏史补［M］．昆明：云南美术出版社，2021.

[4] 李京．云南志略辑校［M］．王叔武，辑校．昆明：云南民族出版社，1986.

[5] 诸葛元声．滇史［M］．芒市：德宏民族出版社，1994.

[6] 蒋彬．南诏源流纪要［M］．明嘉靖间刻本，1532（嘉靖十一年）．

[7] 倪蜕．滇云历年传［M］．昆明：云南大学出版社，1992.

[8] 南诏野史［M］//南诏大理历史文化丛书：第1辑．大理：大理白族自治州文化局出版，1998［1549］.

[9] 冯甦．滇考［M］．昆明：云南民族出版社，2002.

[10] 周去非．岭外代答校注［M］．北京：中华书局，1999.

[11] 李石．续博物志［M］．成都：巴蜀书社，1991：55.

[12] 范成大．桂海虞衡志辑佚校注［M］．成都：四川民族出版社，1986.

[13] 檀萃．滇海虞衡志校注［M］．昆明：云南人民出版社，1990.

[14] 少卿．酉阳杂俎［M］．北京：商务印书馆，1936（民国25年）．

[15] 李衎．竹谱［M］．济南：山东画报出版社，2018.

[16] 班固．汉书［M］．太原：三晋出版社，2008.

[17] 张胜温．张胜温画梵像卷［M］．天津：天津人民美术出版社，2001.

[18] 张廷玉．明史［M］．北京：中华书局，2015.

[19] 陆蓉．菽园杂记［M］．北京：中华书局出版，1997.

[20] 司马迁．史记［M］．北京：中华书局出版，1982.

[21] 司马光．投壶新格［M］．山东：山东友谊出版社出版，2007.

[22] 周去非．岭外代答校注［M］．北京：中华书局出版，2006.

[23] 戚继光．纪效新书［M］．北京：中华书局有限公司，2019：12．

[24] 樊绰．云南志校释［M］．北京：中国社会科学院出版社，1985．

[27] 樊绰．云南志校释［M］．北京：中国社会科学院出版社，1985．

[25] 李京．云南志略辑校［M］．昆明：云南民族出版社，1986．

[26] 戴德，戴圣．礼记［M］．南京：南京大学出版社，2014．

[27] 刘歆．西京杂记［M］．上海：上海古籍出版社，2012．

著作

[28] 查尔斯·巴克斯．南诏国与唐代的西南边疆［M］．昆明：云南人民出版社，1988．

[29] 倪辂．南诏野史会证［M］．昆明：云南人民出版社，1990．

[30] 徐嘉瑞．大理古代文化史稿［M］．北京：中华书局，1978．

[31] 王忠．新唐书南诏传笺证［M］．北京：中华书局，1963．

[32] 滇考校注［M］．昆明：云南民族出版社，2002．

[33] 何耀华．云南通史：第3卷［M］．北京：中国社会科学出版社，2011．

[34] 王运权．西南彝志［M］．贵阳：贵州民族出版社，2008．

[35] 木芹．云南志补注［M］．昆明：云南人民出版社，1995．

[36] 黄聪．中国古代北方民族体育史考［M］．北京：人民出版社，2010．

[37] 海默，尚论聪．中国历代体育史［M］．北京：外文出版社，2010．

[38] 王文成．滇系［M］．北京：中国书籍出版社，2004．

[39] 林旅之．南诏大理国史［M］．北京：台湾大同印务有限公司出版，1984．

[40] 孙天尧．射艺［M］．长春：东北师范大学出版社，2019．

[41] 尤中．尤中文集：第4卷［M］．昆明：云南大学出版社，2009．

[42] 段玉明．云南文化史丛书南诏大理文化史［M］．桂林：广西师范大学出版社，2018．

[43] 薛琳．巍山史话［M］．昆明：云南人民出版社，2001．

[44] 方述鑫，等．甲骨金文字典［M］．成都：巴蜀书社，1993．

[45] 肖锋．中国古代文论读本［M］．河南：河南大学出版社，2016．

[46] 汪文学．正统论：中国古代政治权力合法性理论研究［M］．贵州：贵州人民出版社，2019．

[47] 黎羌，柯琳．东方乐舞戏剧史论［M］．北京：中国戏剧出版社，2019．

[48] 殷海光．中国文化的展望［M］．北京：中国和平出版社，1988．

[49] T.S. 艾略特．基督教与文化［M］．陈民生，陈常锦，译．成都：四川人民出版社，1989．

[50] 冯天瑜，何晓明，周积明．中华文化史［M］．上海：上海人民出版社，1990．

[51] 吴修艺．中国文化热［M］．上海：上海人民出版社，1988．

[52] 庞朴．文化的民族性与时代性［M］．北京：中国和平出版社，1988．

[53] 张岱年，姜广辉. 中国文化传统简论 [M]. 浙江：浙江人民出版社，1989.

[54] 尼·切博克萨罗夫，伊·切博克萨罗娃. 民族·种族·文化 [M]. 赵俊智，金天明，译. 北京：东方出版社，1989.

[55] 希尔斯. 论传统 [M]. 傅铿，吕乐，译. 上海：上海人民出版社，1991.

[56] 卡尔·桑德斯. 人口问题 [M]. 宁嘉风，译. 北京：商务印书馆，2011.

[57] 谭华. 体育史 [M]. 北京：高等教育出版社，1988.

[58] 马林诺夫斯基. 文化论 [M]. 北京：中国民间文艺出版社，1887.

[59] 费孝通. 从马林诺斯基老师学习文化论的体会 [M]. 天津：天津人民出版社，1996.

[60] 冯天瑜、何晓明、周积明. 中华文化史 [M]. 上海：上海人民出版社，1990.

[61] 詹全友. 南诏大理国文化 [M]. 成都：四川人民出版社，2002.

[62] 斯图尔德. 文化变迁论 [M]. 贵州：贵州人民出版社，2012.

[63] 赵世林. 云南少数民族文化传承论纲 [M]. 昆明：云南人民出版社，2011.

[64] 张罡昕. 中国儒家文化地图 [M]. 北京：中国环境科技出版社，2006.

[65] 姚重军. 少数民族传统体育文化研究 [M]. 北京：民族出版社，2004.

[66] 刘启坤. 少数民族传统体育理论与技能 [M]. 昆明：云南大学出版社，2015.

[67] 李长喜，于金兰，周之良，等. 中国大学生百科全书 [M]. 辽宁：辽宁教育出版社，1996.

[68] 邓承礼. 南诏大理国军事史略 [M]. 昆明：云南人民出版社，1988.

[69] 梁月红. 体育市场营销学 [M]. 重庆：重庆大学出版社，2017：206.

期刊

[70] 向达. 南诏史略论——南诏史上若干问题的试探 [J]. 历史研究，1954（2）：28-29.

[71] 阿桂婷，白文婷，尹金萍，等. 南诏国时期军事活动与彝族传统体育的关系研究 [J]. 科技信息，2010，(30)：694.

[72] 费孝通. 中华民族多元一体格局 [J]. 中国民族，2019，571（4）：80.

[73] 黎光远. 南诏德化碑 [J]. 边疆文学，1999（11）：53-54.

[74] 商戈令. 文化与传统 [J]. 复旦学报（社会科学版），1986（3）：37-42.

[75] 付聪. 中华民族传统体育发展探究 [J]. 剑南文学. 2011，(8)：323-324.

[76] 韦晓康. 奥林匹克文化·少数民族传统体育文化·差异与融合——福建电视台《走南闯北》栏目奥运特别节目"锦绣民族荟"随记 [J]. 搏击·武术科学，2008（10）：68-71.

[77] 余英时. 从价值系统看中国文化的现代意义 [J]. 文化：中国世界，1987（3）：88.

[78] 李亦园. 我的人类学观：说文化 [J]. 社会人类学讲演集，1978（2）：54.

[79] 李莹，李雨衡. 象术运动研究 [J]. 体育文化导刊，2015（3）：168-171.

[80] 李世宏. 传统教育视角下中国古代体育文化研究 [J]. 体育文化丛书，2018（12）：70.

[81] 黄渭铭. 试论我国传统养生文化的发展历程与理论原则 [J]. 厦门大学学报（哲学社会

科学版），1994（4）：90-94.

[82] 唐文坤，杨晨飞. 天宝战争期间唐与南诏体育形态交融研究 [J]. 体育文化导刊，2015（11）：184-186.

[83] 黎光远. 南诏德化碑 [J]. 边疆文学，1999（11）：53-54.

[84] 李莹. 南诏大理国体育文化研究概述 [J]. 武术研究，2018，3（5）：105-106.

[85] 万义. 村落少数民族传统体育发展的文化生态学研究——"土家族第一村"双凤村的田野调查报告 [J]. 体育科学，2011，31（9）：41-50.

[86] 江炎，范本祁，龙佩林，等. 湘、鄂、渝、黔边区苗族传统体育的健身价值及民族地区全民健身体系构建 [J]. 运动，2017（21）：148-149.

[87] 曹艳，李红梅. 云南少数民族体育及健身价值 [J]. 楚雄师范学院学报，2007（3）：88-93.

[88] 黄学诚，朱艳. 南方丝绸之路视域下云南跨境民族体育赛事发展研究 [J]. 云南农业大学学报（社会科学），2018，12（3）：120-126.

[89] 韦丽春. 南丹白裤瑶传统体育文化旅游资源开发价值的研究 [J]. 菏泽学院学报，2008（5）：101-106.

[90] 尹成功. 广西少数民族体育经济发展现状及对策研究 [J]. 文体用品与科技，2021（6）：108-109.

[91] 黄秋月. 广西红枫旅游节与体育旅游融合开展路径研究 [J]. 体育世界（学术版），2017（10）：14-15.

[92] 王晓晨，乔媛媛，潘兰芳，等. 桂西北少数民族传统体育的心态文化及其新时代延伸 [J]. 体育科技文献通报，2022，30（1）：234-236.

[93] 马廷中. 卓克基地区土司文化与旅游发展 [J]. 民族学刊，2012，3（5）：30-36.

[94] 饶远，张云钢. 体育旅游业发展对策研究——以云南体育旅游资源的开发研究为例 [J]. 思想战线，2003（1）：33-36.

[95] 李莹，李雨衡. 土司体育文化理论体系构建研究 [J]. 山东体育学院学报，2017，33（3）：67-73.

学位论文

[96] 王评. 对南诏国军事体育发展的研究 [D]. 昆明：云南师范大学，2014.

[97] 余家赛. 古滇国青铜器上体育信息的研究 [D]. 昆明：云南师范大学，2014.